没有干不好的销售

把产品卖给任何人的高效销售策略

［美］格兰特·卡登（Grant Cardone）著
徐少保 顾秀洁 译

SELL OR BE SOLD
How to Get Your Way in Business and in Life

中国友谊出版公司

图书在版编目（CIP）数据

没有干不好的销售/（美）格兰特·卡登著；徐少保，顾秀洁译． －－北京：中国友谊出版公司，2018.5（2019.11 重印）

书名原文：Sell or Be Sold : How to Get Your Way in Business and in Life

ISBN 978-7-5057-4249-9

Ⅰ．①没… Ⅱ．①格… ②徐… ③顾… Ⅲ．①销售 － 方法 Ⅳ．① F713.3

中国版本图书馆 CIP 数据核字（2017）第 313916 号

著作权合同登记号　　图字：01－2017－8092

Sell or Be Sold : How to Get Your Way in Business and in Life © 2012 Grant Cardone.
All rights reserved Published by Greenleaf Book Group LLC
Simplified Chinese rights arranged through CA－LINK International LLC (www.ca－link.com)

书名	没有干不好的销售
作者	[美]格兰特·卡登
译者	徐少保　顾秀洁
出版	中国友谊出版公司
发行	中国友谊出版公司
经销	新华书店
印刷	香河县宏润印刷有限公司
规格	710×1000 毫米　16 开 13.5 印张　184 千字
版次	2018 年 5 月第 1 版
印次	2019 年 11 月第 2 次印刷
书号	ISBN 978-7-5057-4249-9
定价	55.00 元
地址	北京市朝阳区西坝河南里 17 号楼
邮编	100028
电话	（010）64678009

前　　言

《销售生存法则》（*Sell to Survive*）是我自行出版的一本书，自从完成这本处女作后，我又写了另外三本书：《销售人员生存指南》（*The Closer's Survival Guide*）、《勇争第一，不甘人后》（*If You're Not First, You're Last*），以及《10×规则：成功和失败之间的唯一区别》（*The 10 × Rule：The Only Difference Between Success and Failure*），最后一本书我曾用来做过电视节目。

通过写这些书，我了解到人们可以实际应用的很多东西，了解到工作的实质和真谛，并且由于读者在阅读本书之后给我反馈了很多中肯的意见，所以我还了解到了人们到底最需要什么样的帮助。

虽然《销售生存法则》从未在任何书店出售过，但它仅仅通过口碑相传，销量就已遥遥领先，在所有自行出版的书籍中占据了前1%。对于此书，我个人收到过来自数以千计读者的评论和反馈。正如很多读者所说，这本书彻底改变了他们的销售生涯。其他没有从事销售行业的读者则说，这本书让他们意识到了自己在扩展业务、追求梦想的路上，哪些地方有所不足、有待提高，总之，这本书真的让人受益无穷。

我坚信，《销售生存法则》在过去50年来，是销售行业书籍中首屈一指的，对每个想要梦想成真的人而言都至关重要。我们重新审视那本书，不断完善补充，并将其更名为：《没有干不好的销售》（*Sell or be sold*）。

祝您阅读愉快！

格兰特·卡登

目 录 CONTENTS

第一章　你的生活离不开销售／1

第二章　世界经济运转需要销售人员／10

第三章　成为销售人员：专业还是业余？／16

第四章　志存高远，做销售行业的大佬／21

第五章　销售成败的关键点／34

第六章　客户拒绝你并不是因为价格／47

第七章　用对方法，客户心甘情愿为你打开钱包／57

第八章　让客户对你产生好感／64

第九章　尊重客户的想法／74

第十章　赢得客户的信任／83

第十一章　优质服务会让你得到更多／95

第十二章　坚持：用你的毅力打动客户／103

第十三章　努力拼搏是销售的常态／109

第十四章　销售人员一定要与朋友保持联系／118

第十五章　做时间的主人，提高时间利用率／127

第十六章　如何控制自己的情绪和行为／133

第十七章　说服别人的能力决定了你的生活质量／142

第十八章　无可挑剔的"销售五步骤"／148

第十九章　把销售当作自己的事业／157

第二十章　你必须知道的销售培训六大技巧／162

第二十一章　价值25万美元的成功推销计划／166

第二十二章　攻克销售难题的27个绝招／175

关于作者／208

第一章　你的生活离不开销售

销售无时无刻不影响着每个人的生活。个人的销售、劝说、磋商以及说服他人的能力，会影响到你生活的方方面面，甚至决定你的生活质量。

生活中不管你的头衔或职位是什么，不管在公司或团队中扮演的角色是什么，你总会不可避免地要说服他人做某些事情。

实际上，每个人每天都在使用推销手段，无一例外。销售不仅仅是一份工作或一种职业；它是人们生存、谋取幸福生活的必要条件。生活的好坏取决于你是否有能力把你信赖的事物成功推销给其他人。为此，你需要了解谈判技巧、通晓如何才能同他人达成协议。是否有能力让别人欣赏你，喜欢与你共事并热衷取悦于你，决定了你的生活品质。销售绝非仅仅是一份工作，它还代表一种生活方式。

销售（《韦氏大学英语词典》）：是指说服、诱导他人采取行动或接受某种事物的行为。

有谁不受该行为的影响呢？

一谈到"销售"，那么我所讲的一切都与说服、诱导、协商谈判或为达到目的而采取的所有行为方式有关。这可能涉及辩论、与他人相处、交换商品或服务、说服一个女孩同你一起出行、买卖房子、说服银行贷款给你、自己创业、使别人支持你的观点，或让客户购买你的产品。

据说企业和个人事业失败的首要原因是资本不足。事实绝非如此！企业或个人失败的首要原因是他们的新点子卖得不够快、这些想法的销量也很低。最终，他们把资金都消耗殆尽。无论哪个企业家，如果认识不到"销售"在经营企业过程中的关键作用，都注定以失败告终。反思一下生活中的一些行为，我们总会发现某人在某些方面试图影响事情的结果。

例如：一名高尔夫球手拿着6英尺的推杆，轻轻一击，然后想方设法使球进洞。他跟球谈判，恳求它，用双手做出各种动作，甚至低声祈祷球会进洞。自始至终，其对手站在对面，竭尽全力阻止球进洞。这个例子表明，我们每个人总在尽其所能影响某种结果的产生。

对生活中一些事件结果的影响程度是获取成功的决定性因素。那些不想把命运寄托给恳求、祝愿、祈祷和希望的人们，必须学会如何成功地游说、劝导以及协商。

无论你是谁，职业是什么，所做的事情都与销售有关。你是否自称为销售人员并不重要，因为你可能在给他人推销东西，又或他人向你推销东西。无论哪种情况，其中一方总会试图影响事情的进展结果。最终，或是你达到目的，或者是另一方如愿以偿。

在每一次思想观念碰撞或交流中都会产生销售行为，无一例外。你可以尽管否认这一说法，但事实就是事实。你是一个销售人员，生命中的每一天都扮演着销售员的角色。从你醒来的那一刻直到入睡，我保证，你一定不断想方设法达成既定目标。没有"销售员"的头衔，或者没有得到佣金只是形式上的问题。实际上你就是一名销售员——自然会得到"佣金"，只不过是佣金的形式有所不同。

佣金

谈到佣金:每次完成既定目标,你都会获得一笔佣金。并非所有佣金都一定是金钱。我一生中取得的一些最伟大的成就都与金钱无关。你的工作业绩得到认可,是一种佣金;在工作中得到加薪或升职是一种佣金;交到新朋友也是一种难能可贵的佣金;为你正在推进的项目获得众多投票同样是一种佣金。

当人们跟我说:"我永远不会成为一名销售人员,因为我永远都不会以获取佣金为生。"听到这些话,我觉得很可笑。"你这是什么意思?"我认为:"人的整个一生都是一种馈赠、一种佣金。生活中并没有固定薪资。全世界都在被寄售、需要被出售!"

有人说生活中最美好的事物都是免费的,我并不认同这种说法。生活中最好的东西恰恰是那些以某种额外佣金形式出现的事物,这是对你工作付出的嘉奖。幸福、安全感、安全保障、一个美好的家庭、爱情、信任、朋友、信仰、社交等等——都是给那些努力向他人推销更好生活方式的佣金。

真爱是爱情最具价值的佣金,而只有那些能够找到合适伴侣、悉心呵护对方、不断用心去经营这段爱情的人才能得到。人们无法保证进入一段感情就能得到真爱。首先,你必须让对方对你感兴趣。其次,你必须要了解对方想要的东西和让其开心的事情。然后,不断用这些东西来讨取对方的欢心。但是,在适当的时候,你必须让对方相信你是值得被托付一生的人。如果你达到甚至超出了对方的预期,那么你必定会得到这份爱的佣金。

在生活中,我们不能时刻保证身体健康。如果好好照顾你自己的身心,那么身心健康就是你获得的一份佣金。如果一个人能做到合理饮食、勤于锻炼、适时调整身心状态,他就会变得身体健康——这也是一份佣金。

在婚姻中,有一个自己的孩子也是一种佣金,但并不是每个婚姻都能得到这份佣金。婚姻并不能保证你拥有性爱生活，你需要说服你的伴侣和你保持性爱的关系。如果不能劝服你的伴侣与你发生性爱关系，那你定不能得到孩子这份巨大的佣金。一旦你有了孩子，还必须继续坚持推销，把纪律、职业道德、教育、礼貌和家庭作业等观念都灌输给孩子们。如果你不这么做的话，孩子们便会向你推销，进行攻击。孩子是世界上最出色的推销员，他们斗志昂扬、不屈不挠、坚持不懈地进攻出击、打破父母的防线，最终如愿以偿，获得他们想要的东西。

重点是销售与生活息息相关，渗透在生活的各个领域。因此，在生活中越能坚持成功推销，获得的佣金就越丰厚。

可见，这个世界上的每一个人都离不开销售，无一例外。你几乎每天、每一分钟都在试图说服别人。如果你对这一说法感到厌烦，那是因为你对销售这一概念存在误解。当我谈到"推销"时，你会想到一个巧言擅变、极力向他人推销东西的骗子？还是你脑海里马上会浮现一个咄咄逼人，具有很强攻击性的小伙子形象呢？这两种情况都只是销售员比较极端的负面形象，绝对不能代表一个真正的销售人员的才智。而咄咄逼人的攻势是那些业余推销员的表现，他们不了解销售行业的本质，结果只能采取那些令人厌恶的手段。

在这本书中我所讨论的销售，绝不仅仅包括计酬销售人员的专业技能，还囊括了日常生活使用的基本说服技巧，以此来得到你想要的生活。

谨防虚假信息

像任何其他主题一样，销售这一主题存在着多年来一直为大家传扬的虚假信息。这种虚假信息，可能是导致人们对销售这一职业以及生活中必备的销售技巧产生不良印象的部分原因。"虚假信息"并非真实信息，但它却被人们奉为事实，并传承下来。

例如，我的大半生都投入到房地产事业，对商品楼生意很感兴趣。而在我的房地产事业刚刚起步时，每次谈到商品楼生意，大多数人都会立即告诫我，这是一桩很棘手的生意，比如午夜管道出现泄漏，会导致同租户之间的纠纷。出现管道泄漏情况，租户的确会感到很懊恼，但做商品楼生意会导致人们对购买公寓楼失去兴趣的说法，却是一个虚假的信息。我已经拥有一个2500多套公寓的大生意，我有资历为大家澄清这一点，问题的关键是没有租户而不是有租户产生的问题，漏水龙头这样的问题是可以解决的。当然，商品楼生意确实会有一些问题，但是与得到的利益相比，出现问题的损失是微不足道的。而那些对商品楼生意不了解的人们，却以此虚假信息为借口来劝诫我不要从事商品楼生意。

与金钱相关的所有主题都充斥着虚假信息，大部分是为金钱问题提出告诫的人们传言下来的，但这些人自身却身无分文。

当我开始自己的第一笔生意时，周围的大部分人都会告诉我，做生意会出现很多困难，会投入很多金钱，会面临很大风险，尽管如此，很少企业在该业务中获得盈利。这些人中没有一个人曾真正地做过生意，但他们却给了我诸多的劝诫。可见，这些虚假信息忽略了那些像我一样，自己创业并取得成功的企业家的案例。后来，我又开了另一家公司，且需要寻求一个业务伙伴。很多人跟我建议，大多数的伙伴合作关系不会维持很久。我必须指出一点，伙伴关系会很难维持，而没有合作伙伴，我们公司的运营是不可能的。顺便说一句，我们合作伙伴关系仅有握手之谊，却持续了将近15年。

当没有个人亲身经历时，人们往往会形成自己的观点，向别人提供建议，并传播谣言。大部分这样的传言并未得到事实的验证，却被人们当作真理传承了下来。

人们流传着这样的一个城市传说，有个小伙子信誓旦旦地告诉你，朋友妹妹的朋友20年前在一个毕业舞会的夜晚消失了，她的鬼魂现在城镇与破旧公墓之间的荒凉小路上正四处飘荡。在全国大部分城市,你会听到同样的故事。如果你让这个小伙子说出故事的具体日期和主人公的真实姓名,他却一无所知,但就在刚才他还在传播这个谎言,就好像真有这回事一样。

很多年前,我被告知不要搬到加利福尼亚去,因为"那里消费很高,并且当地人都很难相处",而告诫我的人却没有在加州旅居的经历。

销售中也出现了同样的虚假信息,这导致了整个销售职业和销售技能的坏名声。令人尴尬的是,销售职业为人们提供了广阔的天地,同时带来了巨大的经济利益,并且每个人都需要用销售技巧来处理生活中的问题。然而人们仍在继续传扬这样的虚假信息:销售行业很艰难,工作时间很长,赚的佣金难以维持人们生活;并且销售也不是一种正当的职业,人们不能靠这份不稳定的收入过日子。

人们对于销售的看法,绝大部分观点都不符合实际情况。对销售人员的负面形象都是基于过去的观念——这表明这些负面形象与现实毫不相关,因为这只是过去观念中的负面形象。当我在谈论销售、说服以及谈判事宜时,别人过去给你灌输的销售人员的形象会马上浮现在你脑海,让你的注意力从当前的交谈中转移到过去。你的资料往往源于过去的一些决定、建议或意见,而所有以过去观念为依据的信息对于现在没有用途,对于未来更是毫无价值可言。

销售——对生存至关重要

尽管你对销售和销售人员想法和评价有偏见,而无论你从事何种职业,都要彻彻底底地承认自己的生活与销售息息相关。为了生活,无论你是富有还是贫穷,是男性还是女性,是靠固定薪资还是佣金谋生,总是在向别人推销。这个规则无一例外,没有任何办法逃脱销售。但这并不意味着你要成为推销专职人员,穿上涤纶休闲裤和白色漆皮鞋,快速说服人们必须接受你的观点。

花一点时间来考虑你在生活中扮演的所有不同角色。假设你扮演的角色有妻子、伴侣、员工、母亲、老师、教会成员、邻居、朋友、作家以及家庭教师协会（PTA）主席。我想让你看看这其中的每一个角色，并观察这些角色与销售之间是怎样产生关联的。也许销售不是你的全职工作，也许通过销售产品你不会得到任何金钱报酬，但我确信，你会看到销售是如何影响你在每个角色中的成功的，而这会超过任何其他你所拥有的能力对成功的影响。

想要加薪的接待员、想要某一角色的女演员、想要得到女孩儿芳心的小伙子——都要依靠推销自己的技能，无论他们是否了解推销。依靠推销谋生的专业销售人员，必须需要了解如何去推销。当你开车去上班的时候，想要驶离高速公路，那你必须向其他司机推销，让他们同意给你让路，这样你才能驶出弯道。当你在买房子的时候，你在向卖家推销，想要说服他们低价出售。当你去银行想要得到贷款的时候，你会向贷款人员推销，说服他们应该给你办理贷款。当演员去试镜且想要得到这个角色的时候，不管他准备得有多好，他最好能够向导演推销自己不仅可以表演，而且还是这个角色的最佳人选！让我们从现在开始准备吧，因为我们没办法摆脱生活的事实：要想生活得好，你会需要推销这种技能。

销售技能对于一个人的生存至关重要，但我不明白为什么在学校不需要学习此项技能。在学校没人教授销售的相关知识、对销售学习不做要求、甚至不会提供销售课程的事实，只能进一步显示那些掌握该技能的销售人员的巨大价值。我的观点是，生活中需要的最重要的技能是不会在学校传授的。我花了17年时间在学校接受正规教育，但我可以告诉你，我通过研讨会、音频节目、课外书籍以及在会议上与其他成功商人交流学到的东西，远远胜过在整个正规教育中学到的东西。任何一个成功的商界人士在事业奋斗路上的成功秘诀，都必然包括了基本的销售、说服能力和谈判技巧。

一个人劝说另一个人的能力，是唯一能够最终确保他市场地位的资本。学术履历、成绩单和个人简历不能保证你在工作中的升职，获得美好的生活，但推销的技能可以确保你达到目标。所有学生都应该学习基本的说服、谈判技能以及与别人相处的技巧，因为这些是生活中最基本的东西。和其他任何一套技能相比，成功劝说、协商以及说服别人采取行动的能力，是一个人是否能找到工作、获得成功的最终决定因素。

  作为雇主，我一般不聘用最聪明的人或最有资格的人来填补职位，而往往聘用那些能让我信服、他可以胜任这份工作的人。在看简历之前，我会事先考察应聘者的说服能力；考虑他是否具备自信和积极的态度，让我喜欢和他一起相处；考虑他是否能够成为推销赢家，动员大家一起行动。我会雇佣一个有说服力、积极自信的申请者，他们远远胜过那些除了花哨的简历之外，没有任何说服力的人。

  据说在这个地球上，1/4 的人口与销售相关，却不知是谁提出了这个观点，把销售限定为一种行业、一种工种。以这种方式限定销售的概念是不正确的。销售是生活不可或缺的必需品，就像呼吸、饮食和运动一样对我们大多数人而言并不是我们的职业——而是生活的基本需求。然而与销售相关的大部分书籍都是关于销售这个职业的，并不包括销售对人类生活的重要性。

  我的妻子经常问我："你为何和大家一直关系融洽？"原因很简单——我想同大家和睦相处，和他们一起享受生活，而且一直在竭力达到这个目的。当然，最重要的原因是我知道如何推销，如何去说服人们接受我的观点，并且得到我想要的东西！我的妻子是我见过的最好的销售人员之一，不知她是否意识到这一点。不仅仅是和我在一起，同大家一起相处时，她一直充满激情，持之以恒，几乎总能达到目的。

  这本书会教会你如何在生活中达到自己的目的，得到自己想要的东西！

第一章：问题

在过去一周中，你已经完成的需要使用销售技巧的三件事是什么？

1. _____
2. _____
3. _____

作者认为生意失败的首要原因是什么？

在生活中收到的佣金，除了金钱另外三种是什么？

1. _____
2. _____
3. _____

能确保一个人市场地位的两种技能是什么？

1. _____
2. _____

第二章　世界经济运转需要销售人员

销售人员推动经济发展

　　职业销售人员是活跃经济的重要因素。如果没有销售人员，各行各业将会完全陷入停滞状态。销售人员与经济两者之间的关系，就好像剧作家与好莱坞之间的关系一样，密不可分、息息相关。据说甚至连上帝和魔鬼都离不开卓越的销售人员。

　　销售是当今最后一个真正意义上的自由职业了；从事销售行业，人们为自己工作、对自己负责，最终实现自己的梦想。签完合同并切实履行合约，你就可以好梦成真，简直妙不可言！对于那些致力于从事销售行业，并坚持不懈地学习想要做好这一职业的人来说，前途无可限量。做好销售一职，作为回报，你便会得到无尽的财富。学好伟大的销售艺术，将永远不会面临失业的危机，因为人们时时刻刻都离不开销售人员。学习并掌握如何从始至终地控制整个销售流程后，无论你想去往何处、想做什么或者销售哪种产品，都会自信满满；并且完全确信自己有能力得到一切梦寐以求的东西。

　　如果没有销售人员，世界将停止运转。如果产品不能在消费者中销售，工厂就会停业，生产也将陷入停滞状态；我们更不需要考虑产品的分配、贮藏或运输需求，广告业也会随之陷入停滞。目前，整个文化经济的发展完全取决于销售人员的能力。同时，社会经济的发展，完全依赖于销售人员能否把产品成功地卖到消费者手中。如果消费者不想购买这种产品，制造厂则会对这类产品停产。

销售人员能够推动产品、个体销售、整个行业甚至整个经济的发展。像许多人一样，大学毕业后我不知道该找份什么样的工作，于是开始从事销售行业。我决定尝试销售这一行业，直到找到一个所谓的"稳定"工作。我选择这个行业一是因为销售很容易上手；二是因为我不必做任何一个改变命运的重大决定。虽然我已下定决心从事销售这行，还是受到了家人、朋友和老师的指责。他们总是劝告我应该找一份"靠谱的"工作。

而我所看到的是那些所谓"靠谱的"的工作并不能为你提供稳定的收入，更何况，这些工作就像陷阱一样，导致人们浑浑噩噩、蹉跎一生。在我看来，当时拥有所谓"稳定"工作的只有那些在学校大肆宣扬它们的老师。即便在今天，这些所谓的"靠谱的"工作仍然是像医生、律师、会计师、护士、化学家、工程师、股票经纪人和按摩师等类似的职业。但有趣的是，所有这些专业人士都必须向别人推销他们自己，才能立足于自己的职业生涯。在生活中，他们能够得心应手、取得成功完全依靠一种技能，而这一技能正是销售。

从事销售职业还是上大学？

当今社会并不重视销售，也没有开设相关课程教授人们销售技能，这种做法实在不可取。在我受过的所有正规教育中，所学课程并不涉及销售这一领域。如果学校不开设与销售相关的课程，人们如何了解到销售是一门体面、令人向往的职业，这让我感到很困惑。如果世界上重要的"教育机构"没有设置这一学科，那么销售永远不能算是真正的职业。这种说法对吗？错！大错特错！在学校，没有老师教授你与金钱、投资以及房地产等领域相关的知识，但这并不意味着这些课题毫无价值。学校没有教授大家如何经营婚姻、如何养育孩子，但是你敢说这些事情不重要吗？许多参加研讨会的青年告诉我他们内心的困惑，不知道选择继续上大学还是从事销售行业。对此，每次我的回答都是一样的：学校只教给你一些生活和工作中所需要的基本知识，但却不能教会你如何立足于社会。在学校，你可能学到一些必备技能，建立不错的社交关系，但是学校并不能使你一步登天，取得成功。对任何人来说，成功都不是一蹴而就的，只有通过社会实践才能在某一领域崭露头角、大获全胜。

根据对当今世界排名前100巨富的调查，你会发现他们的成功并不是源于所受的正规教育，许多人甚至没有这些传统求学的经历。但这并不表明，上学是件浪费时间的坏事。大家可以看到，当今的教育体系培养出来的学生只会死记硬背，却不能在社会中学以致用，可见高等教育并不是人们取得伟大成就的主导因素。在学校固然会学到许多必要的基础知识，但却学不到理财、储蓄和交易谈判的技巧；也学不到沟通、解决问题，或者在市场上提升自我价值的方法。大多数人意识到要想真正提高自己的能力，他们必须通过社会实践来掌握这些技能。基础教育固然重要，但这绝不能被视为学习的"终点"。虽然学校里有许多优秀教师，但不幸的是，由于工资少得可怜，许多教师只是一味地重复教授那几门学科，强制学生们学习那些与日常生活脱节的课程。咨询企业家所面临的最大问题，他们提供的答案总是相同的：企业家都找不到那些具有独立思考能力、善于解决问题、使其生意兴隆、助其公司发展的人才。

学校只会教授学生英语、数学、语法、化学、历史和地理等必修科目，却从不花时间讲授其他同样重要的知识，比如那些能满足雇主需求的销售技巧、说服诀窍。不管什么原因，学校的确没有设置一些对学生的将来能够产生重大影响的课程。虽然不知道其中的原因，但我可以明确地告诉你，销售人员获得的收入远高于心脏外科医生，而所承担的责任和压力却相对较小。

各行各业均依靠销售

一个人若想享受生活，就必须了解出色销售人员的销售技巧并学以致用，事实也的确如此。在生活中，你可以聘请医生、律师或建筑师，但若没有沟通、劝说、协商和成交方面的能力，就不能和他们和睦相处。

这些技能将比你通过正规教育学到的任何知识都有用、都重要。我并非在说其他领域的知识不重要、无价值，无意否认这些知识的确有一定意义。而只是在表明，销售是一门重要的、有价值的、受人尊敬的职业，对所有人来说也是一项至关重要的生活技能。通过销售，你可以成为高薪人士、财源滚滚，而不是只做一个小时工。我有资历告诉你销售是一个值得尊敬的职业，尽管其他人持怀疑态度。在同各行各业的精英相处中，包括工程师、银行家、演员、电影导演等等，我了解到他们的职业生涯都是依靠销售技能，而逐步达到巅峰的。这些创业精英告诉我，他们都曾研究过有关谈判、销售和劝说方面的知识，他们这么做的原因，在于意识到这些销售技能对自己的成功至关重要。

无论你从事何种职业，都离不开销售。政客想要引起你的注意和获得你的信赖，是为了你能够给他投票；演讲者希望被信服，是为了听众能够接受他的观点；希望升职的员工，必须让老板意识到他对公司的价值；教练必须将赢得比赛的方法传授给队员；房地产经纪人一定会说服你买房子，或将他们公司列入备选范围；贷款经纪人希望你再次融资；银行家希望你投资银行的公共基金；服务员正在推销今天的特色菜；服装销售员向你推销一套西装和三件衬衫两条领带——同时希望你能申请这个百货公司的信用卡。

销售在生活中无处不在，并与每个人息息相关。不管在哪个行业，能够劝说、说服、谈妥协议的人都能立足于社会，享受美满的生活。

大学为何不讲授销售这门课，社会行业为何不把销售行业尊视为一种职业？通过阅读这本书，你一定会有所感悟、得出结论，可能是因为近年来，少数销售罪犯毁坏了所有销售人员的声誉。但这些罪犯根本算不上销售人员，只是骗子而已。各行各业都存在骗子和罪犯，涉及医药学、法学、牙科、教学、政界以及精神病理学等领域。

我很确定地告诉你：若不具备说服别人的能力，你就不能获得实权，也无法赢得在社会中的声誉。与他人沟通并说服他人的能力是你在社会立足的优势；而不具备这些能力则是你致命的缺陷。不管你的志向是什么，你都需要与他人沟通，如果你善于与他人沟通，就会得到更多人的支持；如果你得到的支持越多，就越容易实现自己的目标；如果你实现的目标越多，自然会更加热爱生活。

第二章：问题

销售行业的三种自由是什么？

1. _____
2. _____
3. _____

销售人员的四项基本职责是什么？

1. _____
2. _____
3. _____
4. _____

用你自己的观点来描述销售对经济的重要性。

作者认为销售的优缺点是什么，将如何影响你的生活？

第三章 成为销售人员：专业还是业余？

专业销售人员

下面我通过个人经历，为大家揭开专业销售人员的神秘面纱，并告诉你如何成为一名专业销售人员。即使现在没有从事销售行业，为了使生活更加丰富多彩，你也应该学习如何做一名专业销售人员。在我主办的"赚钱之道"研讨会上，我告诉所有与会者："如果你想赚钱、想过富裕的生活，就必须掌握销售这项技能。"经过数年对销售的潜心研究和学习，26岁的我终于如愿以偿地成了一名专业销售人员。事实证明，所有的付出都是值得的。因为掌握了这个尚不为人们熟知的生活技能，我的生活发生了巨大变化。我所谈成的每一笔生意、赚的每一分钱以及生活中取得的每一个成就，都离不开这项技能。

世界上3/4的人并不知道他们生活和事业中所取得的成就完全取决于销售这项技能。不懂销售技能的人，一定不会取得成功。销售或许不是你的主要职业，但我希望目前你已认识到销售是每个人生活中不可或缺的一部分。如果不能成功地把梦想推销给他人，那它注定无法变成现实。

专业人士：指的是某人把某项特定活动作为他或她的主要职业而非业余

消遣。

经验告诉我99%所谓的"专业"销售人员对销售行业也就略知一二，对于应该怎样影响或预测结果更是知之甚少。我所说的这些话绝不是想要冒犯你，而是想让你了解事实真相。如果这么说冒犯到你了，也请你接着看下去。有时候，人们很难了解到事情的真相。本书会教授你如何掌管职业、管理客户、如何增加收入以及怎样成为一个真正的专业销售人员。大多数真正的专业销售人员却从来不称自己为销售人员，而往往自称为诉讼律师、谈判家、调解员、企业主、发明家、政治家、教练、集资者、代理人、企业家、理财师等等。本杰明·富兰克林（Benjamin Franklin）、肯尼迪（John F. Kennedy）、马丁·路德·金（Martin Luther King Jr）、比尔·盖茨（Bill Gates）以及玛莎·斯图尔特（Martha Stewart），这些人都是真正的销售人员，但是他们只是真正专业销售人员的少数代表而已。

业余销售人员

业余爱好者：指的是把某种追求、学习、科研或体育活动都当作业余消遣而非正式工作的人，或者指的是在某种艺术或科学领域缺乏经验和造诣的人。

过去的25年以来，我遇到了成百上千的销售人员，他们绝大多数都是业余爱好者，并不了解销售的真实情况。你认为销售只是一种消遣活动，跟看电视没什么区别？在销售领域，你感到能力不足、缺乏经验？谈判时你感到困惑不堪、无所适从？你想要拼命实现自己的目标？你认为自己绝不会成为一名销售人员？你对销售不屑一顾？你讨厌拒绝别人，甚至厌恶与他人磋商？如果你对销售有这样的感受和体会，那么我们确实有必要好好谈谈。

我可以教你成为一名专业销售人员，但是在此之前你必须搞清楚两件事：（1）不管你的职业是什么，销售对你的生存至关重要；（2）你必须下定决心做一名专业销售人员，打消一切诸如"销售行业根本不适合我"此类的想法。你必须下定决心迈出实现自己目标的第一步。切忌听天由命，把一切都寄托在上帝身上。你要相信谋事在人，一切都取决于你。你必须转变思想观念，一定要认识到生活质量的提高以及每一个梦想的实现都离不开销售这一技能。如果你没有实现目标，不必找各种理由搪塞。现在就下定决心学习销售吧，你定会发现通往成功之路的唯一秘诀就在于掌握这项技能。

销售人才极度匮乏

数千年来，销售人员不断走向成功，摇身一变成为大富豪的例子至今仍不胜枚举。至今，销售行业依旧存在诸多赚钱机遇。并非所有的销售人员都会华丽蜕变、腰缠万贯；这些才华出众、兢兢业业的销售人员如若失败，绝对是因为他们目光短浅、未能把握先机。

不管地球上是不是缺乏水资源或石油资源，但毋庸置疑的是，社会上极度欠缺高度热忱、甘于奉献、精明能干的销售人才。有些人心意已决、立志要成为一名出色的销售人员。对他们而言，这无疑是个好消息。因为世界上无处不在的巨大财富正等待你去挖掘。虽然有数以百万计的人自称为销售人员，但真正算得上销售人员的却寥寥无几。是否能成为一名出色的销售人员取决于你是否能为这样的事业付出全部心血；是否有强烈的欲望驱使你不断向前；是否能心无旁骛、全身心地研究该行业所涉及的知识。尽管人们普遍认为销售的收入有限，但我向你保证，只要人尽其才，定当"钱"途无量。

事实上，通常销售行业的收入几乎没有上限。只要你有能力，自然会财源滚滚。而且，你可以选择销售产品的种类，锁定推销对象，还可以自主决定合作伙伴。真正精明能干、才华出众的销售人员即便在从业人数甚众的行业领域，也是出类拔萃、卓尔不群。他们想法新颖、特立独行、成绩斐然。对他们而言，工作毫不费力，因为他们知道自己要如何做才能实现目标。与同龄人相比，他们收入不菲。他们将销售变成一件轻而易举的事情，但别人却认定这些销售人员的成功得益于他们与生俱来的某些"天赋"。但没啥比这想法更不靠谱的了。我从未见过任何成功人士仅仅靠运气或天赋就能取得成功。他们之所以会成功，是因为他们掌握了销售行业的要领。

当经济崩溃的时候，"伟大出色"的销售人员可能在销量上会遭遇小幅下滑，但他们总能"幸免于难"，而那些业余爱好者却因此失业。出色的销售人员收入无上限，他们很清楚收入的多少取决于多方面：比如在客户面前的表现、能否让客户充分了解某款产品、能否与客户达成协议和能否不断争取佳绩。

只有少数人肯花时间去学习并掌握这个策略。在 25 岁的时候，我决心要了解与销售策略相关的一切知识。每天早晨我都会用满怀的热情鞭策自己，并希望取得很好的成绩。热情固然是好的，但它终将不能取代知识。

一位高尔夫业余爱好者每周六都会约上其他业余爱好者打高尔夫，但相比于专业的高尔夫高手，他们总是相形见绌。

知道自己在做什么，并理解职业中每个细微差别的人，不必特意变得满怀激情，因为他本来就一直激情满满。当真正了解某些事情的时候，你就可以预测出一些结果。而那些能够预测结果的人，自然会获得真正的自信和自由。

第三章：问题

用你自己的观点来描述：专业人士和业余爱好者的区别是什么？然后，通过参考这本书，来核实你的观点，并在下文列出书中谈到的有关目前销售人员欠缺的三种品质。

1. _____
2. _____
3. _____

请列出你在本书中看到的销售人员真正欠缺的三种品质。

1. _____
2. _____
3. _____

据作者所述，平庸与伟大之间的三个差异是什么？（找出你的不足。）

1. _____
2. _____
3. _____

当经济下滑时，出色的销售人员与业余爱好者遭遇的结果有何重大差异？

第四章　志存高远，做销售行业的大佬

一心一意

那么，怎样才能在工作领域大展拳脚、成为领军人物呢？第一步，也是最重要的一步——做事要一心一意、全力以赴！

一心一意：指的是某人竭尽全力完成某事。

无论做什么，若想取得非凡成就，必须全力以赴，这是无可争辩的事实。如果你是一名职业销售人员，就应该把所有的时间和全部心思都放在销售上。即使你不是销售员，也要时刻铭记要想取得成功离不开销售；因此，你应该学习并掌握这项技能。首先你自身要承认这个事实：若想实现目标，就必须学习销售技能；若想发家致富，也定当如此。

一个人应该怎样坚持不懈？

我要做的就是排除一切干扰，全身心地学习销售技能。我对销售如痴如狂、百分百地投入其中，简直像个"疯子"。与此同时，我的心里只有销售，别无他念。

全身心地投入一件事情就像找个地方停车一样简单：你只需要找到一个停

车位，把车开进来，然后下车就 OK 了，完全没必要再费尽心思另寻他处。一旦决定做某事，就必须坚持到底、全力以赴。全力以赴指的是一旦你下定决心，就要心无旁骛、毫不迟疑地用实际行动证明一切。

一旦生命中出现了值得信赖、想要托付一生的伴侣，你万万不可再三心二意、心猿意马，应为他（她）倾其所有、付出全部。你还会找到更漂亮、更聪明、更让你感到幸福的另一半吗？或许能找到，但如果你真的朝三暮四，何谈全心全意？全心全意就意味着你死心塌地，并尽其所能让你的另一半成为世界上最美丽、最聪明、最幸福的人。无论怎样，我都要坚持到底，决不放弃。

全心全意、一战到底！

更绿的牧场

如果一个小伙子认为这儿的牧场没有别处茂盛，这就说明他没有尽心尽力打理牧场。这个小伙子的一生也注定平庸无为。起初，他已经拥有一个需要修剪、打理的牧场了，却总是不知足。心里一直惦念其他牧场，这哪称得上全心全意呢？虽然有的牧场的确葱郁茂盛，但请你记住，那些牧场之所以与众不同，是因为有主人在精心打理。

无论哪里都会长杂草，稍不留神，便会有"漏网之鱼"。这样下去就会杂草丛生、让人心生厌恶。于是，你情不自禁地开始盯着别人家的篱笆，艳羡不已。然而，别人家的篱笆内干净整洁、没有杂草也是因为有人悉心管理。所以，我们要忠于自己的职业，切忌三心二意；要认认真真学习销售技能；对产品、服务以及客户都要秉承负责任的态度。我们要尽其所能、不断学习。最终，你的职业生涯定将硕果累累。

无论什么时候，只要我下定决心并付诸行动，总会收到立竿见影的成效。

相反，倘若我迟疑不决、优柔寡断，结果总是收获甚微、甚至一事无成。如果我把全部心思都放在眼前的客户身上，就定会有所收获。但是，如果一个客户就摆在眼前，却不知满足、总想再挖掘一个潜力更大的客户，那你就很难做到人尽其才、物尽其用了。所以，只要你打定主意，那就全力以赴吧。

每次主办研讨会，我都会在夹克的翻领上佩戴一枚精致的金色徽章，上面刻着"100%"。一位销售人员不禁好奇地问道，这枚徽章是不是特意戴给客户看的。我解释说，客户的确会注意到这枚徽章，可能对它饶有兴趣。但是，我真的不是为了在客户面前装装样子。我只是想提醒自己，无论做什么事情，只要下定决心了就要全力以赴。我从不会因为客户而有所顾忌，特意改变着装。我认为，这个完全看个人喜好，比如我本身很乐意穿得职业化一点。佩戴这个金色徽章只是想提醒自己做事要专心，要付出百分百的努力。

能否下定决心、全身心地投入到一件事情中，完全取决于个人。要想出人头地，过上比较优越的生活，必须做到以上这点。25岁时，我已从事销售行业将近五年时间。然而，我却意识到自己从来没有放弃寻找新工作的念头。如若不能心无旁骛、全力以赴，任何事情都会以失败告终。我以前从来没有一心一意地投入到销售行业，并且对自己的职位或从事的工作从不引以为傲。没有拼尽全力，怎么可能成功？充其量我也只能算个普通人，碌碌无为是因为没有竭尽全力；因为没有竭尽全力，才会一事无成；正因为一事无成，才会更加厌恶所从事的工作——这就是个恶性循环。

如果你并不为自己的工作感到自豪，那你肯定不会成功；事业上取得的成就感也会影响你对自身职业的满意度。从事什么职业并不重要，能否踏踏实实、全心全意为事业付出才是问题的关键！

许多年来，我都一事无成。有一天，我终于意识到销售职业本身并没有问题，所有的问题都出在我身上。从那一刻起，我全心全意地学习一切与销售相关的知识。我的目标是成为销售领域的顶尖人物，让同行内的人都望尘莫及。

我立志要成为一名专业的销售人士，再也不甘心做一名庸碌无为的销售人员。那刻起，一切都变了。所有的变化仿佛发生在一夜之间，令人感到神奇莫测！自此之后，我精神饱满、穿衣风格变了、一些行为习惯也与以往大不相同、表达能力也提高了，最后我绝地反击、成功逆袭。不久之后，我的牧场也生机盎然。顿时，我感到自己潜力无穷。这几乎是个奇迹！不，这就是奇迹。一切变化都如此惊艳神奇——这就是全身心地投入事业后产生的神奇魔力。

若想成功，必须全力以赴。你必须百分之百投入进去、不能有任何其他杂念。保持一种破釜沉舟的心态，凡事不给自己留后路就一定会带你走进成功的殿堂。全身心投入到销售行业吧，好像生活离不开它一样，人们的生活确实离不开销售。能否过上梦寐以求的生活取决于你现在能否鼓足干劲、全力以赴。每当我想在某些事情上有所收获时，我都是这么做的。在销售职业生涯中，我亦是如此；我激情满满投入其中，生活也随之发生了翻天覆地的变化。

第一次深切地感受到全力以赴做某事后带来的奇妙体验，让我至今无法忘怀。那是一年夏天，我在一艘近海钻井船上维修石油钻塔。离开路易斯安那州（Louisiana）海岸后，我们经常在一起闲坐，等待客户上门。闲暇时，我们经常坐在船边上钓鱼。有一天，我们十分幸运，钓了数百条红鲷鱼。我们一边闲聊，一边用仅有的冰块把鱼封起来，大家打算把自己钓到的那份鱼带回家享用。

不知为何，我做了一个疯狂的决定。我决定把他们的鱼都买下来，再转卖出去。那时候，我压根儿没卖过东西，也不懂怎么卖鱼。我甚至不知道该把这些鱼卖给谁。我的直觉告诉我，一定会有人乐意买那些新鲜肥美的红鲷鱼。

卡车后厢堆了满满一车红鲷鱼，我意识到必须尽快开拓市场、找到客户、把鱼卖掉。冰块儿在慢慢融化，我必须尽快想到好主意，如果未能及时把这些鱼卖掉，我将损失巨大。正当我思考应该去哪里找客户时，我突然想到上门的传教士，他们敲开我们家大门，执着虔诚地向我传教。天色渐晚，我心想如果上门推销对于《圣经》传教士是个有效的传教方法，我为什么不能尝试一下呢？或许会有意想不到的成效。冰块开始融化，我一鼓作气、挨家挨户地上门推销这些新鲜肥美的红鲷鱼。一旦有人开门，我赶忙告诉他们，这些鱼是大清早在海湾抓的，现在购买绝对是质优价廉。在附近的居民区挨家挨户推销完之后，我立即转战商店。在那里，我找到了更多的潜在客户，把剩下的鱼全部卖掉了。在最后一块冰融化之前，我成功地把鱼卖光了。就在那天，我真正懂得了全力以赴的意义。自此以后，我懂得了一个道理：无论做什么事，都要不遗余力，更要有破釜沉舟的决心！

全力以赴 = 取得成功 = 获得幸福

仅仅几个小时卖鱼的钱，比我做整整两个星期苦力挣得还多。而我之所以能成功，是因为我下定决心、无论如何也要把鱼卖掉。我逼迫自己去做这件事，绝不给自己留退路。要么卖掉这些鱼，要么任其白白浪费；除此之外，我别无选择。那次经历之后，我便陷入销售这行无法自拔。但是，大概七年多以后，我才成为一名真正的专职销售人员。

销售与人们生活息息相关、密不可分；因此，无论你的职业是什么（尤其是做销售这行的），首先应该做的就是全身心地学习销售技能。现在就下定决心并全力以赴，然后静观其变即可。为某事拼尽全力后，一定会产生神奇的效果。凡事只有坚持不懈、竭尽全力后才会有所收获！大多数人工作时如果没有不达目的誓不罢休的劲头，那么终将半途而废、功亏一篑；工作时，如果没有足够的热忱和坚持下去的勇气，肯定成不了大事！

预测的魔力

从业余的销售人员成功升级成为专业销售人员时，我就暗下决心致力于这个行业。于是，我开始全方位地深入了解这个行业。与客户交流时，我就开始慢慢学着做笔记。我甚至以音频或视频的形式，把这些交流经验都记录下来。之后我便像某个足球队重新审视队员在赛场上的表现一样，再次认真研读之前做的笔记。当时我并没有意识到，正是因为这个好习惯才练就了我未卜先知的本领。

　　这里所谓的预测指的是能够预知接下来可能会发生的事情。我也是偶然间，才发现了这项技能；同时我还意识到，我越来越能精准地预测事情的走向或是即将发生的事情。为了保证每天赚取足够的收入，我很清楚自己需要做什么；渐渐地，我能准确无误地预测出，为了达到一定销售额，我大概需要会见多少客户。之后，我心里越发清楚销售时应该说什么、做什么；渐渐地，我也能预先察觉客户的回应，预知客户的疑虑，然后在会面之前消除他们的顾虑。整个过程的细节好像被放慢了一样，我能观察到现场其他人的细微动作，预知下一刻他们将采取的行动。一旦你成为一名专业的销售人员，掌握的第一项技能就是预测。当我学会这项本领时，成功便指日可待！

　　预测是专业人士潜在的无形资产。虽然从没有听人们谈起过，但我确信它一定存在。观察那些伟大的运动员，你就会发现他们经常谈论一种现象——比赛时他们能预知运动的未来趋势。比如，韦恩·格雷茨基（Wayne Gretzky）和迈克尔·乔丹（Michael Jordan）都能分析预测赛事的走向和结局，并将整个预测过程记录下来。

　　几年前，我要向一些千万富翁推销一款产品。我立刻察觉到，留给我介绍这款产品的时间只有短短几分钟；因为对这些人而言，时间非常宝贵。甚至可以说，时间甚至比金钱有价值。我早就预料到，电话接通后他们第一句话肯定会说："孩子，你只有60秒时间。"我能准确预测客户可能会提出的问题，因此面对任何问题我都能轻松应对。在此之前，我会做好充分准备、提前想出应对策略；因此，与客户沟通交流时，我能掌握主动权并取得令双方都满意的结果。起初，我也很难预测到这些富豪会说什么。但是，这些富豪后来成为我遇到的最好的客户，为我以后销售职业生涯的发展奠定了基础。

　　如何才能学会这项技能呢？首先，你必须处处留心周围发生的事情，用客观的态度进行分析、观察。最后，把你所观察到的事物都记录下来。预测的能力来自你能准确判断事情的进展，并且十分确信自己能够控制事情的走势。你必须打起十二分的精神仔细观察，把你的经历全部记录下来；之后，你就会发现一种普遍规律。

　　每次我都把与客户的谈话内容或电话录音保存下来。之后，我便迅速在大脑中检索、分析这些信息，借此进行预测。一切就是如此简单迅速。我经常随身携带一个"意见"笔记本，记下每位客户的反馈意见。通过研究笔记，我发现许多客户的意见都很相似。自此以后，我的领悟能力得到极大提高，也能顺利想出各种应对策略。我能快速准确地判断客户的心理，对此我也感到很惊讶。一旦客户提出一些意见，我都会记下来。再有客户给出同样的建议时，我仍照常写下来。通过观察、分析周围的事，我便能预测出客户要说的话。更重要的是，我早已胸有成竹，想到了应对策略。因为掌握了这项技能，与客户沟通时我就不至于陷入被动地位。我们要明白知识就是力量，是取得成功的关键。增长知识、开阔视野就不会变得愚昧无知！这样，生活才会更加美好！

　　我能取得一些成就，主要是因为平常善于观察总结。随着知识不断增长，我信心倍增，钱包也鼓起来了。能够预见未来，并不是说我有超能力。而是对于以往发生的事情，我比较善于做出详细的记录和准确的分析。直到现在我才意识到，第一次尝到销售带来的"甜头"也是我行事不遗余力、全力以赴的成果。从那以后，我更加灵敏机警、才思敏捷。所有困境都能应对自如，而且我还学会了一项重要技能——预测。我们只有像一位求知若渴、孜孜不倦的学生一样，才能学会这项技能。因为所有大师级别的人物（无论什么职业）都能洞察未来。

　　一旦你预测到接下来要发生的事，就需要立刻做笔记，尽其所能记下一切。你可以用视频把自己"谈判"时的表现记录下来,以备观察分析。分析视频时,我会观察当时的言辞、面部表情、给顾客的回应,甚至包括我的语音语调、手势姿态。我发现,真的是有太多东西值得学习研究。于是,我便沉迷其中无法自拔!预测也是一门学问,只有掌握这门学问才能恰当应对各种状况。同时它会使你信心倍增、进而增加销售业绩。销售业绩上升后,就会更加热爱这份工作;正是因为热爱这份工作,所以才能再创佳绩。成功定将接踵而至。

你不喜欢销售的原因

你们想知道为什么有的人不喜欢销售吗?不喜欢销售的真正原因并不是大家之前听到的那样。第一,不是因为害怕被拒绝。毕竟,谁不害怕被人拒绝呢?第二,不是因为他们生性懒惰。遭遇失败时,人们难免会意志消沉。于是,大多数人都会想方设法避免失败。第三,不是因为他们不喜欢与人沟通、打交道。当我们春风得意时,都愿意跟别人谈笑风生。

一个人不喜欢其职业的唯一原因是他并不了解自己在做什么!没有成功是因为他对其职业了解不透彻,有些东西仍涉猎不深。不能救死扶伤的医生肯定不喜欢医生这份工作;一个不能激发学生学习兴趣的教师,迟早会厌倦执教生涯。同样地,身为一名销售人员如若不能成功拿下订单,肯定也不会热爱销售职业。这也就是你不想成为销售人员的原因。如果你对某些东西知之甚少,就不能掌握主动权。如果工作上处处被动,你肯定会厌倦这份工作。

1995年,我遇见一个叫斯科特·摩根(Scott Morgan)的小伙子。当时,我们正在寻找一名新的商业伙伴。后来我要去温哥华做报告,希望他周末也能一起出席。我们打算一起讨论一下最近的安排,然后去滑雪。斯科特·摩根从来没有滑过雪,所以我建议他参加一个初级滑雪培训班。他想当然地认为滑雪对他来说小菜一碟，没必要大费周章。第二天早上，我们来到了北美洲最陡峭的一座山峰——惠斯勒山（Mount Whistler）。斯科特·摩根向下望了望，又看了看我。我们都清楚这是一个巨大的挑战。他对滑雪一无所知，更何况还得滑到山脚。虽然斯科特·摩根勇气可嘉，但我发现其实他并不明白培训的价值。斯科特·摩根用了整整一天才成功下山。而且据我所知，从那之后他再也没有滑过雪。

当他终于到达山脚时，我提议合办一家培训公司，给想从事销售行业的人提供专业的培训，旨在使这些销售人员在日后的职业生涯中，不再遭受像斯科特·摩根滑雪时承受的"痛苦"。到现在为止，我跟斯科特·摩根的商业合作已持续数年。他是我见过的最执着、最有耐力的合作伙伴。此外，在培训过程中，斯科特·摩根一直全身心地帮助别人登上事业巅峰。

做一名卓越的伟人

无论在什么情境下，所有的伟人都能准确预料事情的结果。同样地，所有出色的销售人员都能准确地预估他们的收入。作为一名销售人员，如果不能使自己收入不断增加，就不能称之为专业的销售人员。同时，这也说明有些销售要领你并不了解，而且预测这项技能也没有掌握。能够预测出客户可能会提出的反对意见，能够预见你即将面临的境况，这两者同样重要。如果做不到这两点，那就说明你的专业水平还不够，日后销售业绩下滑同样会反映出你的专业能力的确有待提高。

不管从事销售行业多长时间，如果你经常失败，取胜次数屈指可数的话，就应该意识到你的销售能力有所欠缺、尚未达到专业水平。这也说明你应该加大马力、奋勇前进，早日摸清销售的门道。可能你会说："兄弟，你的要求未免太过苛刻了吧，现在我的事业只是暂时陷入停滞而已。"你如果这么想的话，简直太荒唐了！这只是在找借口罢了。实际上，事业停滞不前也是因为你对自身的职业缺乏正确的认知和理解。关于销售这行，或许你只是懂了一些难登大雅之堂的雕虫小技。你并没有掌握专业技能，所以销售业绩才屡屡下滑。只要有人乐意购买某种产品，任何人都能运筹帷幄、决胜千里。但是，当竞争更加激烈、经济不断下滑时，业余销售人员只会屡遭失败、苦不堪言；而专业销售人员则稳步攀升、独领风骚。二者的主要区别在于，专业销售人员对该行业了解透彻，而且能坚持到底；业余的销售人员对这个职业只是略知一二而已，而且经常半途而废。

只有能赚取酬金的拳击选手才称得上职业拳击手。但是，如果一位拳击手比赛接连失利，人们就不愿意再继续为他下赌金，看他打比赛。最终他会沦为业余拳击手，归于平凡。许多商业人士由于缺乏恒心、对销售又知之甚少，因此经济萧条时，他们的业绩更是惨淡不堪。

在我看来，你不必绞尽脑汁去想怎样才能增加收入。一旦能未卜先知、先发制人，则说明你已成为一名职业销售人员。如果你对游戏规则了然于心，凡事便不会想着碰运气；与此相反，你会势如破竹、节节胜利，更有机会与顶尖人士同台竞技、一决高下。而那些一路过关斩将、成功问鼎之人会得到一笔丰厚的奖赏。

社会上有许多全职妈妈，她们精心养育孩子，却没有报酬。另一方面，母亲，并不意味着是一位职业妈妈。身为一名母亲，你不会特意雇佣别人来养育自己的孩子。

会做饭肯定不等于说你是一名顶级厨师。但是你可以成为一名专业厨师，即便没有报酬。我妹妹就是一名专业厨师，称她为专业厨师并不是因为她以此谋生，而是因为她对厨师这行了解十分透彻。她对厨房的一切都了如指掌，所有厨具使用起来都轻车熟路，时间和火候控制得十分精确，食谱也烂熟于心。所有这些，并不是做一顿饭菜那么简单。事实上，我妹妹做的菜肴美味可口、无可挑剔。唉！虽然我也能把她的食谱背下来，可结果却相差甚远。在厨房里，我简直是手忙脚乱、混乱不堪，而妹妹却能做到有条不紊、井然有序。我们两个做饭的用时都相去甚远。所以说，我只是个业余厨师，只有她才称得上专业厨师。对于做饭，她能预测一切可能会发生的状况并及时处理，而我恰恰做不到这一点。正是由于她潜心研究、善于观察，才掌握了这项技能。

社会上的销售人员就和厨师、母亲一样林林总总、不计其数。有的人虽然靠销售谋生，却并非专业人士。

如果你是一名职业高尔夫球手，这意味着你有资格参加比赛与同行的人一较高下。凭借一己之力，打败对手、大获全胜。但是如果只甘于做一个专业人士的话，那便不能让你变得出类拔萃、卓尔不群。

你若想成为顶尖人物，就不能只是参与，而必须投入其中。例如，要想成为一名伟大的高尔夫球手，你必须全身心地投入到这项运动中，同时深刻地意识到值得学习的东西还有很多。我的良苦用心，你能明白吗？

大多数人都是业余销售人员，只有少数称得上职业销售人员，而真正伟大的销售人员更是凤毛麟角。归根到底，销售水平取决于你的毅力和恒心。伟大的销售人员可以未卜先知，这项本领也是日常悉心观察、凡事竭尽全力、未雨绸缪的结果。能够准确预测接下来的状况，就能及时应对和处理。真正伟大的销售人员最大的特点就是拥有这项技能。

你的敏锐度越高、预测能力越强，越能抢得先机，才能自如应对各种困难处境。就像开车一样：如果你能准确、及时判断出迎面而来司机的行为，就能避免交通事故。这不仅仅取决于你的驾驶技术，你必须能准确判断另一个司机的动向。日常生活中善于观察，对培养这种能力很有帮助。

你是否记得有时候你对工作一无所知，凡事都只能硬着头皮上？你的收入忽高忽低，但你仍然自甘堕落、不知上进。你完成一笔销售订单，却从未真正明白其中缘由；你丢掉一个订单，便惶惶不可终日。你是否记得有时候你穷追不舍、苦苦哀求客户，最终他们对你深感同情，万般无奈下才下了订单。让我们挥手告别业余销售人员和薪资平平的专职销售人员的身份吧。从即刻起，留心观察发生在你周边的事情，你也能洞悉世事、未雨绸缪。

悉心观察是对销售形成战略认知的唯一方式，这也是培养预测能力、成为销售大师的唯一途径。

请记住：无论你的工作是什么，在生活中扮演什么样的角色都需要这项本领——预测。或许你正在为梦想努力拼搏，或许你仍然自甘堕落、碌碌无为。即使你并没有从事销售行业，一旦有些地方让你感到困惑，都要立刻记下来。

有些人认为销售能助其实现目标，而事实也的确如此！但有人却不这么认为，他们往往也不能得偿所愿。你想成为一个卓尔不群的人吗？是否做好准备为之付出不懈努力？如果你准备好了，那我敢保证你的生活肯定会立刻发生翻天覆地的变化。你的一生也将受益无穷。

第四章：问题

认真考虑作者列举的所有例子，给"承担义务"下定义。

举例说明为某事没有全力以赴，带来的后果。

举例说明为某事不遗余力，取得的成果。

什么是预测？怎样才能获得这项技能？

一个人不喜欢销售的唯一原因是什么？

第五章　销售成败的关键点

说服自己

　　成功把产品卖给别人的前提是说服自己。只有先说服自己才能说服顾客，这是不争的事实，是在销售领域占领一席之地的关键。作为一名销售人员，明白这个事实，你的销售业绩一定会稳步提升。此外，这也是衡量个人销售能力的重要指标：例如，在某种程度上如果你所从事的活动不属于销售行业，你便会怀疑自己；如果你销售业绩平平、毫无起色，你便会否定自己；如果无法实现自己的目标，你也无法说服自己。如果总是为自己找借口，就更谈不上说服自己了！

　　要想成为一名出色的销售人员，首先，你本身必须对自己的产品充满信心。你要让每一笔生意都成为生命中最重要的销售，并且持之以恒，不断地向自己推销此产品。而且，一定要记住：说服别人之前，要先说服自己。

　　我认识一些销售人员，他们也了解一些销售策略，但对自己的产品、服务或所在公司缺乏热忱和信心。对产品缺乏信心，这便跟生产者的初衷背道而驰。身为销售员，首先要对自己的产品、服务或公司信心十足。相信自身提供的产品或服务质量上乘，令他人无法企及。大多数销售人员都认为自家产品更胜一筹。即便与其他同类产品质量相当，也要坚信自家产品万里挑一、不可替代。你必须百分百地肯定，你所推销的产品绝对是无可挑剔的。相比之下，骗子就会原形毕露。因为他们根本不懂销售，说出的话也是模棱两可、毫无说服力。

无可争辩的是，要想成为出色的销售员，明白这一点至关重要。你必须完全相信自己推销的东西，甚至看起来有些不可理喻。是，你没听错：就是不可理喻，甚至为之痴狂！你对自己的产品深信不疑，甚至听不得别人指出一点儿不足。我并非在说你应该为产品的优越性而傲慢自大，盲目自信，而是说，你应该对自家产品达到十二分的喜欢。你内心十分坚定，没有其他产品可与之抗衡。其他销售人员也可能这么做，但是你一定要坚信自家产品是无与伦比的。只有这样，消费者才不会左右摇摆、举棋不定，才会对你的产品坚信不疑。

在我的销售职业生涯中，许多价格不菲的产品都被我成功售卖，而同行业的其他销售人员却做不到这一点。对于我们提供的产品和服务，我没有丝毫怀疑。正因为如此，我们的产品或服务才能卖出好价钱，从而比其他竞争对手赚取更丰厚的利润。不管这对他人而言是真是假，与我的信念比较起来，都已不那么重要。虽然我所推销的产品价格比竞争对手都高，但我从来不会要求买家支付连我自己都说服不了的价格，我相信这是使销售利润最大化的唯一途径。

曾有人指责我要价太高，不切实际。这些人认为我要价高是想从中牟取暴利。毕竟"如果不这么做，永远不能大捞一笔"。但我的真实想法并非如此。我会设身处地站在消费者的角度出发，给这个产品估价。这个价格首先能使我信服，然后消费者才能接受。

信念是成败的关键

有一次，我打算出售一套房子，最有声望的房地产经纪人评估后告诉我，这套房子大概价值 600 万美元。我便回复她把这套房子的市场价格定位在 890 万美元，因为它位于黄金地段，地理位置优越，独一无二，而且我认为它的价值本该如此。我百分百地相信这套房子的价值，我认为这个定价合情合理，因为换作我是消费者，以这个价格购买这套房子并不感到意外。两个月后，我已跟要价差不多的价格成功出售了这套房子，街坊邻里都特别佩服我。一年以后，新的业主竟以 1000 万美元高价卖掉了这套房子。直到我成功售出这套房子，其他人才终于发现它的价值。

你对自己产品的信念比他人对事实和数字的信念更重要。

单词"conviction"（信念）被定义为"对……持有坚定的信仰"。它来源于"convince"（说服）这个单词，其词根是拉丁语"convict"（使认罪），意为"征服"。

在销售领域，信念坚定就是指在向顾客推销时，你非常确信自家的产品独一无二，绝无仅有。

一旦你的信念十分坚定，对方就会妥协，这时候很容易促成双方交易。那么，销售这件事便有了眉目。此时此刻，我没有谈及产品或服务。我强调的是个人信念。那现在真正的问题就在于，谁更能坚持自己的信念，谁是最值得信任、最有说服力的人？这样的人往往会成为销售界的领军人物。

一位受过良好训练的美国游骑兵，十分忠于自己的使命，他相信自己能突破极限，为常人之所不能为。他坚信自己应该这么做，而且可以做到这一点。于是他果断采取行动。为什么呢？因为他忠于使命。他信念坚定，无须犹豫，只管付诸行动即可。他完全没必要拖拖拉拉、摇摆不定，因为他早已下定决心、全力以赴。他非常能坚持自己的信念，正因如此，最后得以把所有的不可能变成了可能。

亚历山大·格拉汉姆·贝尔（Alexander Graham Bell）在谈到想要发明一种通过电线长距离传输人类声音的设备时，人们都认为这种想法无异于天方夜谭。他被告知，想要发明电话是不可能的。这就是把不可能变成可能的趣味所在。直到有人真的把看似不可能的事情变成现实，面对现实后人们自然哑口无言。人们以前真的难以想象像摄影、飞行、太空旅行、电子邮件、互联网等发明会成为现实。

有的人敢想敢做是因为他们坚信尝试做这些事情意义非凡。在追求理想的过程中，如果能坚持不懈并为之执念至极，成功便指日可待。

虽然不幸的是，我们这个社会对"合理与理智"的要求越来越高，但对你的生活和销售而言，这些特征都不会锦上添花、助你一臂之力。如果真的想在其方面功成名就，那你必须做到与众不同，即使这意味着你要毫无道理地说服自己，始终对自己的产品零怀疑。当然我们并非在讨论那些无关痛痒的休闲活动，比如骑自行车！毕竟几乎任何人都可以学会骑自行车这项技能。我们在此讨论的是，你要在自己的工作领域里大展宏图，要想达到这个目标，你就必须坚信自己推销的产品、秉持的理念、所属的公司是独一无二、绝无仅有的。

你可能感到不解，"若要成功，必须为之'疯狂'吗？"当然不是。我想说的是在销售过程中，你必须百分百信赖自己的产品，甚至执念到不可理喻。如果一个人行事疯狂，并不是说他精神有问题。只是表明他对某事过于狂热，行为有些乖张罢了！

如果你认为自己的产品是顾客的最佳选择，也无可厚非。这只是说明这种想法有些不切实际而已。

"不讲道理"意味着毫无理由地完全信赖自己的产品。你对产品的这份信心，正是说服顾客的关键。

在销售过程中要想抓住机遇，占得先机，必须全身心投入其中。在你自己被完全说服之前，千万不要试图说服他人。如果你自己都没被说服，那么让别人接受你的观点简直就是痴人说梦。任何时候如果销售进展不顺利，你应该好好反思一下自己是否真的信赖该产品。

曾几何时，你自己都摇摆不定，又或许因为一些外界因素对自家产品心生疑虑。不管是哪种情况，你都要把问题的根源找到，尽快调整自己，把这些负面想法像垃圾一样清理出去。

如果你都不想购买某种产品，甚至认为自家产品毫无用处，那你注定失败！你必须说服自己，必须消除所有的负面考虑，相信自己的产品是不错的选择，相信它能为顾客带来利益。关键的是，你不仅要竭尽全力说服顾客购买你的产品，还必须让他们接受你给出的价格。

为什么有的人宁愿负债累累也想购买你的产品？为什么货比三家后你是顾客的最终选择？为什么他们迫不及待地想选择你的产品？为什么他们宁愿花更多的钱购买你的东西，也不想便宜点去购买同种产品？为什么有人从你这里购买产品而不是从街边商贩手中购买？为什么他们不选择其他公司而选择了你的公司？面对这些问题，你若感到无所适从，则说明你对自己的产品并没有十足的信心。如果你对自己的产品信心满满，这些问题根本不足为惧。

你要绝对信赖自己的产品，只有这样别人才会信服你说的话。这并不是说要求你满嘴谎话，自欺欺人。多年来，我遇到了无数卓有成就的销售人员，但没有一个人是靠欺骗他人而走向事业巅峰的。因此我的建议是，销售过程中，在你试图说服他人之前，首先要花时间说服自己。

克服 90 天销售症结

我遇到很多销售人员，他们告诉我，在从事销售的前 90 天一切都得心应手，销售业绩也不错，但之后就突然发现销售业绩不断下滑。原因何在？有人会说，这是你的惰性导致的，或者因为得到了一点利益而聪明过头了。好吧，就算是因为懒惰，那他为什么会懈怠呢？因为他在前 30 天太勤快了，并且他本不该因为得到一点利益就沾沾自喜，因为对于任何工作，仅仅坚持 90 天并不意味着你可以真正掌握这里面的门道。

　　我认为造成这种 90 天现象的原因，可能是因为他觉得从事这一行业违背了个人的道德标准；也可能是因为他所推销的产品自己都不信服。也许他不再相信自己的产品了；也许他与管理阶层有分歧，或者产品功效与自己所保证的有差别。于是他开始变得松懈，对销售行业产生怀疑。所以情况才会出现变化!

　　或许他听说自己推销的产品并没有宣扬的那么神乎其神。或许他一笔订单都没签下，于是开始思考原因，然而却得出了一个错误的结论。于是他把一切都归于一个错误的原因，结果可想而知。生活中这种情况发生得太多了。销售员们想出了错误的解释，而且在试图解决未来的问题时，还继续使用这些不正确的答案。

　　无论发生什么事情，90 天奇迹基本都不会再现了。其实，出现这种现象的原因，是因为销售本身被其他因素干扰，对自己推销的产品产生了怀疑，实际上，他现在满脑子都认为这种产品毫无价值，于是他干脆放弃了。反过来说，他现在决定停止销售这类产品，实则也是因为一些原因对它产生了怀疑。以至于他对销售丧失热情，停滞不前。有些事对他产生了影响，这些事并没激励他去努力上进，反而却阻止他继续销售。所以，你明白了吗？意思是有些东西改变了他的思想观点，然后他就再也没了当初的信念。

　　当一个销售员的业绩下滑时，首要任务是要查找根源、认真反省，恢复精神抖擞的状态，并投入工作中。他必须重整旗鼓，对自家的产品、公司以及提供的服务重拾信心。全面了解你所推销的产品，发现它的优点，要清楚它是如何使他人受益的。也要了解所推销的产品、提供的服务或所在公司所宣扬的理念，是否存在与销售员信仰背道而驰的现象、是否存在意见分歧或虚假信息。一旦这些事情处理完毕，当他的销售事业如火如荼地进行时，你再询问他对于产品和服务的感受如何，你很快就会发现他又东山再起，在销售行业做得风生水起了。

令我难以置信的是，很多销售人员曾告诉我，一些同行竞争者把产品廉价出售，几乎相当于免费赠送了；还抱怨他们所销售的产品能在网上低价购买。我最近读了《成功销售秘笈》(*Secrets of Successful Selling*)，感触颇深。这本书讲述了行业竞争是如何达到前所未有的激烈程度的，以及顾客的心理感受是如何需要销售人员去设身处地考虑的。本书写于1952年，它只是想表明，竞争无时无刻、无处不在。销售中遇到的真正问题不在于你的产品知识缺乏、行业竞争激烈或客户过于精明，关键在于你是否足够信赖自己的产品。

你要特别认同、十分信服自己的产品以及服务，对自己的公司信心十足、兢兢业业。另外，你要相信买家如果拒绝你，而选择其他任何一家公司或产品都绝非明智之举，一定会后悔不已。

你是否痴迷于自己的产品，以至于你会觉得如果你不劝说顾客购买你的产品简直就是不道德？你要达到这种境界，并且把你的产品当作奇珍异宝。客户如果没有购买你的产品，你是否会感到十分抱歉？甚至彻夜无眠，担心他没有从你这里购买产品一定会上当受骗？如果你真的信服自己的东西，你定会有这种感觉。这就是信服！如果你对自己的产品无比信赖，就一定会竭尽全力劝说顾客购买。否则客户如果受到他人欺骗，你一定会寝食难安。如果你能达到这种境界，客户一定会觉得你就是最佳人选。

你可能会问自己："如果我并不确信自己的产品或服务是最佳的怎么办？"那你就要变得自信，而且现在马上行动！竭尽全力去相信你提供的产品和服务就是最好的。找到它们的优点，让自己完全热衷痴迷于它们。

让我们以一个不幸的已婚男人为例，他已经结婚了，却一直希望自己能拥有一段更完美的婚姻。也许多年来，他并没有给予妻子足够的关怀，他忘记了自己当初的承诺、失去了当年在一起的激情。那之后发生了什么呢？他开始怀疑这段婚姻。他曾经特别爱自己的妻子，还允诺要共度余生。但不知从何时起，他不再相信爱情了。

如果想让自己的婚姻生活越来越美满，那你必须相信自己找到了世界上最好的伴侣。你的伴侣为什么是最好的？是什么让他/她看起来与众不同，没有人能与之媲美？你喜欢他/她哪一点呢？也许她搞砸了晚饭，早上蓬头垢面，还有一双又丑又大的脚！我们暂且先把这些缺点放在一边，想想你当初喜欢她什么。试着发现她身上的闪光点，忽略那些小毛病。回头再爱她一次，再按照你们曾经相爱时那样相处，然后观察你们之间的关系。接下来的变化肯定会让你大吃一惊。突然间，你会感觉她做的饭也没那么难以下咽，早上看起来也非常楚楚动人，她出门做了一次足疗，穿上一双漂亮的鞋子，那双脚看着也没那么讨人厌了。

说服他人或被他人说服

你应该对自己说谎吗？当然不是。但不管什么情况下，你都要说服自己！而不是自欺欺人。一个很好的选择就是，我们要以冠军为榜样：冠军们擅于利用现有条件，与他人合作来赢得比赛。他们不会一直想着更换团队，而是想尽办法充分利用自身的资源和优势。他们会为这场比赛拼尽全力，使自身优势得到最大限度发挥。他们绝对不会欺骗自己；他们告诉自己无论如何都要打赢这场比赛。他们的目标只有一个——胜利。

把生活中的每一个任务都当作一场比赛，而你的目标就只有一个，那就是赢。你要接受并喜欢今天需要做的事情，让你的每一天都变得十分美好，人际关系要处得融洽，街坊邻里友爱和睦，生活自然会变得幸福快乐，你也很容易拿下订单。所以你要发现产品的优点，然后将它推销出去。

大卫之所以能击败歌利亚，不是因为他的实力特别强大，而是因为他不断告诉自己一定要赢。你觉得他这么做是自欺欺人吗？当然不是。他只是坚信自己生存下来的唯一出路就是打败歌利亚巨人而已。这也是你必须学会的道理。你要说服自己并坚信，你的产品和服务就是最好的，没有什么能与之媲美。你也要无条件地信服它，这样你就会相信根本没人能挑战你，你是无人能及的。

言语所到之处，便是投资应有之处

有一次房地产经纪人试图说服我投资某个项目，称一定会大赚一笔。他滔滔不绝地跟我讲这次投资有多么好，说得天花乱坠。但我根本不相信他，因为他说得一点说服力都没有。从他的话中，我没有发现该项目的任何前景。就像那些没被说服的顾客一样，我开始不断地质疑他。对这单交易，我没有太大信心。向我推销的人也是闪烁其词，吞吞吐吐。但有些事情并不像他提高演讲上座率那样，单靠提高音调跟语速就能大声将演讲展现给听众。他只是摆出了一副推销员的样子，然而他对自己推销的产品一点底气都没有！

最后我问他："既然你一直告诉我这个投资有多么棒，如果是你的话你会在这上面投入多少资金呢？"

他一脸茫然，轻声回答："一分钱都不会投进去。"

你可能会认为我的问题有失公平，因为也许他买不起这个产品。你看，如果投资这个项目有利可图，那你为什么不把自己、孩子、父母以及朋友的钱都投入进去购买此产品呢？如果这个项目真的稳赚不赔，那你就不会把任何人的投资置于风险中。如果你的产品是一笔大买卖，但是连你自己都不愿意购买，是不是就有点不合乎情理了？

如果你也在使用自己销售的产品，那你就可以用行动向他人表明你对此产品的信任，而且行动永远比语言更具说服力。这就是"出色的销售员"与那些完全靠语言推销者的区别。令我难以置信的是，很多人连他们自己都不想使用自己推销的产品。而我会第一个试用自己销售的产品，这样我才能理直气壮地告诉别人，我也在用它，并且效果很好。

显然，你不可能购买自己销售的每一款产品。但如果你是顾客的话，一定要做到自己也乐意购买它。

你必须特别相信自己销售的产品，亲身使用、乐意消费，才能把它推荐给自己的亲朋好友。否则，你就只能算个把价格哄抬到最高，唯利是图的商品搬运工。

因纽特人的冰？

我自认为是一个出色的销售员，但这并不意味着我无所不能，不会遇到任何销售问题。如果你不认可某些产品或理念的话，绝对不可能将其推销出去。

比如，俗话说，我不可能把冰卖给因纽特人。原因何在？因为他们根本不需要冰，如果我这样做的话，那就是不道德。而且，无论你出价多高，我都不会违法销售任何毒品药物。我永远都不相信，吸毒能解决自身问题、提高生活质量。我只能推销自己信服的产品。

汽车经销商的金融和保险推销员在出售他的产品时，遇到了瓶颈，然后向我寻求建议以改变现状。我问他的第一个问题便是：你最近什么时候买的车？他告诉我最近刚入手了一辆新车，然后就滔滔不绝地表达对该车的喜爱之情。因为他自己真的很喜欢这辆车，才决定购买它。当他神采飞扬地谈及这辆汽车时，自己对它的喜爱之情就已经溢于言表了。不言而喻，他的这种喜爱是发自内心的。我继续问道，他为自己的新车购买了哪种金融保险产品（比如信用寿险、意外事件险、健康保险以及保修期限险）。他咯咯一笑，承认自己没有购买任何此类产品，因为他不想在这辆车身上浪费额外的金钱。事实上，他觉得购买这些金融保险产品完全没有必要。而且，他自己对这类产品一点兴趣都没有。因此，我们可以发现原因所在了。你也许会想："事实也许并非如此，也许他只是想节省开支呢！"那你看，如果是真的特别喜欢的话，你一定不会考虑金钱的问题，而是会毫不犹豫地买下它。一直以来，这项规则都屡试不爽，无一例外。

如果你也遇到了类似的问题，不要担心，这就是小菜一碟，轻而易举就可以解决掉，你甚至根本不需要学习任何销售方面的专业知识。你需要做的就是亲自购买你所推销的产品，然后静待销量上涨即可。因为人们都倾向于走别人走过的路。比如，人们通常会打听曾给你治疗的脊椎按摩师和医生，会雇佣为你服务过的女仆，会观看你推荐的电影——一切都因为你曾经亲自尝试过了，而不是口说无凭。一旦喜爱有加，就一定会购买，如果你亲自体验了该产品，之后的销售之路就会更加顺畅。

我敢保证，如果之前提到过的保险推销员自己做过这方面的投资，给客户推销的时候用实际行动说话，他定会成功。他本该自信满满地出现在顾客面前，告诉顾客自己对该产品的亲身体验；而且自己言语所到之处，也是投资已有之处，因为他已经说服了自己。顺便说一句，他后来采纳了我的建议，并且收入翻了两番。

关键要素

90%的管理层人员都忽略了销售员该具备的重要素质。如果你去苹果专卖店，询问他们对该产品的评价。这些人会让你感受到他们特别信服自己的产品，好像是教徒笃信自己的宗教一样虔诚。苹果销售员在家不用别家的电脑产品；他们对苹果产品非常感兴趣，以至于在向你展示产品时，你会有身临其境的感觉。

我去了一家非常高档的牛排餐厅，我问那里的服务员，她个人最喜欢哪种牛排。她告诉我，她是个素食主义者！我没听错吧？请问这里是怎样运营的？

这个素食主义服务员在牛排馆能胜任什么工作呢？

如果一个人对自己要推销的产品不感兴趣，那我一定不会雇佣他当这款产品的销售员。我也不会聘请那些以资金不足为借口而不购买该产品的人。如果他真的没有钱，我们可以送他一张信用卡，或为他制订付款计划，这些都不是问题。他一定会告诉别人自己有多爱它，为了它就算负债累累也心甘情愿。

此外，我不会雇舍不得花钱的销售员。如果一个人把钱看得很重要，或者在花钱时表现得非常吝啬小气，他也很难让消费者掏腰包。我向你保证，你越不把金钱当回事，你赚钱就越容易。我所了解的销售人员，他们因为太吝啬，所以目前为止工作还是老样子，没什么起色。当他们向别人炫耀自己的节俭时，我相信，如果他们对金钱没有这么吝啬的话，收入一定会更高。因为如果他们能做到这一点，产品的销量也会不断上涨。

如果你不愿意购买某产品，说明你自己对该产品都不信服！如果这个产品连自己的这一关都通不过，想把产品大量推销给他人是不可能的。

坐在谈判桌前时，你完全可以掌握主动权，眼神里充满期待。告诉顾客，向他正在推销的这款产品你已经亲自试用过了。顾客看到你对该产品的信赖与喜爱之情，一定会为之动容。那你的销售业绩也定会更上一层楼。亲自购买自己的产品，你会变成一个奇迹终结者，能够得心应手地应对普通销售员处理不了的"拒绝推销"状况。因此你要完全痴迷于自己的产品、相信自家提供的服务以及效劳的公司。最终你会发现那些潜在客户都会变成忠实顾客！

第五章：问题

你要做的最重要的销售是什么？

在生活中你必须热爱痴迷的四件事是什么？

1. _____
2. _____
3. _____
4. _____

给"不合情理"下定义。

按照作者提出的建议，什么是销售成败的关键点？（给它下定义）

写下你在生活中得到的三个教训，以此表明你应该按规矩出牌。

1. _____
2. _____
3. _____

作者建议你对自己推销的产品，如何做到信心十足？

第六章　客户拒绝你并不是因为价格

产品销量几乎与价格无关

调查世界各地所有的销售人员便会发现一个共同现象。销售人员都一致认为失去订单的首要原因是产品的价格问题。然而，事实并非如此，这种说法不切实际。

价格并不是客户最关心的问题。与其他因素相比，价格对销售的影响几乎微不足道。失去销售订单并不是价格高、付款方式有限或预算不足等表面因素造成的。真正的原因只有客户心里清楚，旁人很难揣测。能否达成交易与客户资金多少无关，关键取决于客户是否十分中意该产品。

如果两种同类产品价格相差甚广，你的产品必须具有独特优势以弥补价格差异才会赢得客户信赖。

降价实验

绝大多数销售人员都认为，如果产品价格低廉，销量就会突飞猛进。然而，实际情况并非如此。这些人并没有看清事情的本质，所以无法对症下药。曾经，一个售票员信誓旦旦地说，如果我主办的研讨会门票价格再低一点，销量定可翻一番。我知道这个想法近乎愚蠢。但是，表面上我还是赞同了他的想法，实际却不敢苟同。这么做也是因为我们要时刻铭记销售第一法则——"客户的话就是真理"。

因此，我们在底特律举行了销售专家格兰特·卡登（Grant Cardone）成功经验分享的研讨会，还特地把门票价格调整为平常价格的十分之一。底特律一直是举办研讨会的首选之地。提建议的售票员笃定门票价格降低后，参会人数会创历史新高。我们把这位售票员的建议付诸实践，想看一看成效如何。为了确保结果公正合理，我们之间约好了：他只使用一种宣传手段——发放宣传册（内容包括研讨会的主题、日期、门票价格、购票网址以及热线电话）。在宣传过程中，禁止使用除此之外的其他任何营销手段。在实际生活中就是这样，如果产品的定价很低，我们根本无力再承担额外的营销费用。

结果表明，本次研讨会的上座率是 20 年以来最低的一次。这场研讨会挣的钱甚至支付不起我的机票费用；销售人员赚取的佣金连宣传页的邮寄费用都支付不起。为什么本次研讨会的上座率这么低呢？出于好奇，我询问了一些出席本次研讨会的观众。这些观众说其他人肯定觉得门票价格这么低，我本人一定不会到场举办主持会议，会议内容一定是以视频的方式呈现给大家。由此可以看出，如果某种产品价格太过低廉，客户会认定这种产品毫无价值。另外，如果价格高低是客户购买某种产品的唯一标准，那公司里的营销人员哪里还有用武之地？然而，实际情况却是营销人员占了公司总员工的 25%。

成功离不开专业的营销人员，因为他们会挖空心思，投入大量的时间和精力为某种产品做宣传。

出于喜爱，无关价格

原以为门票价格降低，研讨会上一定座无虚席，然而却事与愿违。经过这次惨痛的教训，我把门票价格调整为原来的两倍。出人意料的是，这次前来参加培训的人居然爆满。

价格高无非是客户搪塞你的借口罢了。是否真心喜欢和信赖某种产品才是影响顾客购买欲望的根本要素。我真的喜欢这件东西吗？如果对某个东西真的爱不释手，我肯定愿意为其不惜一切代价。客户是否百分之百确信这种产品能满足他们的需求？这项服务能否为其创造不菲的价值？如果它是客户梦寐以求的东西，在其生活中发挥着无可替代的作用，只要能筹到钱，无论多贵，消费者都一定会毫不犹豫地买下它。如果消费者对某种产品信心满满、认为它定能帮助他解决难题、摆脱困境，此时，顾客为了得到它一定会不遗余力、想尽办法。顾客如果真的对某件东西情有独钟，就一定会购买。如果某种产品能解顾客燃眉之急，顾客为它倾其所有，也定毫无怨言。

如果曾经有人离你远去，你一定对我所说的话感触颇多。假如有一天，你失去了生命中特别重要的人，是不是只要他能回心转意、重回你身边，即便让你倾家荡产、负债累累也心甘情愿呢？这是为什么呢？亲爱的，不言而喻，这是因为爱啊！

你推销的东西必须极具吸引力，让顾客觉得与产品的价值相比，价格根本不足为谈。客户在意的是产品的使用价值或某种解决方案，而不是账户余额。了解客户需求，然后对症下药。销售人员需要向顾客证明他所提供的产品能帮助顾客解决难题，这是双方达成交易的关键。当然，这种产品的价格很有可能超出了客户的承受范围，那怎么办？不用担心，这正是我想要强调的一点，如果顾客真心喜欢这件东西，就一定会想办法解决钱的问题。

自己喜爱的东西，根本无法被明码标价。因为在消费者心里，这些东西都是无价之宝。如果有些东西对你而言不可或缺、举足轻重，那钱根本不是你所担忧的问题。所以提高销量的关键就是投其所好、提供客户心仪的产品。这样做你定会屡试不爽，稳赚一笔。

如果顾客根本不差钱却一直以钱为借口，犹豫不决，这说明他们心里还存在其他顾虑。此时我们只需发现问题，有的放矢，一切难题就会迎刃而解。

表面上客户在跟你讨价还价，他们的内心活动却是：我真的需要它吗？这种产品是我唯一的选择吗？这条建议真的具有实用价值、能解燃眉之急吗？这种产品会得到人们的青睐吗？如果我购买了这种产品，会不会有人议论纷纷？我真的对它情有独钟、爱不释手吗？这家公司真的能提供质量上乘、细致入微的服务吗？我还有没有其他选择？新产品是不是即将问世，现在买合适吗？我对这种产品的了解是否全面、准确？我应该还有其他选择吧？我参加乡村俱乐部合适吗？把钱存起来是不是比投资更有保障呢？这样做决定会不会重蹈覆辙呢？

如果能消除客户的种种顾虑，使他们心满意足，价钱根本不是问题。你提供的产品或服务无疑会让顾客产生各种各样的担忧。但是你一定要相信一点：影响销量的因素绝不仅仅是价格本身。如果你能早点认清这一点，成功便指日可待。

假如一个小伙子正在为心爱的女孩筹备生日礼物，他好不容易找到了能讨女孩子欢心的礼物。可是这位小伙子却很遗憾地跟售货员说这件礼物太贵了，他根本买不起。其实这位小伙子想表达的潜在含义却是这并不是他最中意的礼物。他本身都并非十分喜爱这件礼物，怎能确保女友看到后会喜不自胜呢？看到这件东西后并没有使他产生一种冲动，使他迫不及待地想把它带回家。遇到这种情况，你会怎么办？如果是我的话，我会先对他的想法表示理解。为这件礼物倾其所有或许真的不值得。但是，我仍会请他给我一个机会，向他展示这件礼物的特别之处。当然了，这么做仅仅是为了娱乐，并没有强买强卖的意思。这个小伙子可能还会说它太贵了——但至少他没有明确表明不喜欢这件礼物，也没有明确说明自己经济条件有限买不起。同样地，如果这位小伙子说东西太贵，其实就是表明他认为这件东西不值这个价钱，但并不是买不起。若是寻得更符合心意的礼物，就算是再贵也在所不惜。

反其道而行之，不要让步

面对顾客讨价还价，大多数销售人员都会在价格上做出让步。因为他们认为价格是决定顾客购买欲望的唯一因素。其实，这种想法大错特错。

即便你做出让步，或者向顾客推荐其他相对便宜的产品，也很难促成交易。而且这种做法还会使顾客认为你不能满足他的需求，再这样耗下去也是白白浪费时间。面对这种情况，你应该抓住客户心理，对他们说这种产品十分畅销，库存已所剩无几。这样，他们就会认为这种产品很受欢迎、极具价值。然后，你会发现如果顾客想明白这一点，便不会在价格上斤斤计较了。

如果这个小伙子坚信，心爱的女孩看到这个礼物后一定会欣喜若狂，这时再向他推荐一款更为精致的产品，这么做会助你促成这笔交易。请记住，他只是想慎重行事，做出最佳选择而已。这时候会出现两种情况：第一，他也许会说第一件礼物也不过如此。原因很简单，更好的选择此刻就摆在眼前。第二，他也有可能会对你说，还想再看看刚才那件稍微便宜的礼物。不管怎样，现在这位顾客在按照你预想的方向走，而不是一味地和你讨价还价。甚至你可以向他推荐几款全然不同类型的产品，但是无论怎样至少顾客有自由选择的权利。然而身为销售员的目的就只有一个：增加销量，而不是处处在价格上妥协！

我至今还记得曾经有一位客户以价格高为由拒绝了和我的交易。然而，后来我才得知这位客户从竞争对手那里购置了一件类似产品，其价格比我这里高出 15 万多美元。直到那一刻，我才明白之前他说产品太贵，其实是想说我们提供的解决方案性价比不高。你会发现，应对顾客讨价还价这种状况，首先反其道而行之可能不失为明智之举。

每当我遇到销售瓶颈，想到的第一个办法就是给客户推荐一款更加高档、昂贵的产品。这样做可能无法取得立竿见影的效果，但我可以保证，假以时日，你定能看到成效。如果客户一直犹豫不决，我便立刻意识到他对我们的产品还存有疑虑。这就是所谓的"囤货交易"。我曾见过无数客户，有的人会跟我抱怨产品价格太高，有的人则说他们预算不足，也有的客户认为钱没花在刀刃上。遇到这类情况，我会立刻向客户推荐另一款高性能产品。为什么要这么做？因为顾客说这些话则表明这个产品不能满足他们的要求，他们认为该产品的价格与价值不符。他们并不能确保这种产品能助其解决实际问题。因此，顾客宁愿花大价钱，做出理智的决定，也不想贪图便宜，匆匆了事。

每位客户都曾因做错决定而后悔不已，这也是他们厌恶做决定的主要原因。他们不是怕花钱，而是担心再次判断失误、重蹈覆辙。客户并不是舍不得自己的那点钱，真正让他们气愤的是由于一时冲动买了一堆毫无用处的东西，无法达到货有所值的目标，不能实现他们的预想。

一旦遇到客户讨价还价，记住这个办法：向其推荐另一个价格更高的产品——这是处理此类问题的关键。看到更昂贵的产品后，最糟糕的结果也无非是客户意识到他们之前洽谈的那款产品似乎更加经济划算。实际上，这种做法会使客户对某种产品的价格形成一种比较具体、客观的认知。切勿相信那些碌碌无为的销售人员给你灌输的思想——价格是决定销量的唯一因素，价格越低，销量越高！看他们惨淡的销售业绩，你一定会明白这种想法多么可笑。

有一次，一家慈善机构向我求助。经相关工作人员介绍，我了解了一些情况。据说，一位慈善人士资金非常雄厚，长期致力于慈善事业，但是这家慈善机构多次劝捐，均以失败告终。在这位慈善家身上耗了将近一年的功夫后，仍然没有任何起色。后来我问了一下劝捐金额，终于发现问题所在。他们提出的捐款金额是 1 万美元。为了解决这个问题，我建议他们增加捐款数额。因为在我看来，要想让这位慈善家慷慨解囊，定一个较高的金额反而比较容易。

一位女士满脸困惑地看着我，十分不解。她说：我们定的捐款数额对这位慈善而言简直就是九牛一毛，对于这么小的数额，他都不肯捐，又怎么会捐出 10 倍的金额？了解情况后，我跟这位慈善家谈了谈。之前花了整整一年的时间都没成功说服他捐赠 1 万美元。现在仅仅用了 10 分钟，他便很爽快地答应捐赠 10 万美元。

销售技巧：时刻铭记永远不要在客户身上找问题！遇到销售瓶颈，最大的问题一定出在销售员身上。

销售人员能力不足导致交易失败，并不是顾客的问题

你要时刻谨记：价格并不是影响销量的关键因素——必须从自身找问题！交易失败也不是客户导致的，销售人员自身才是导致双方交易失败的重要因素。

只要你能提供打动人心的产品、契合人心的服务，就会赢得消费者的信任。那么，谈成订单自然也轻而易举。

有时候，销售人员应对客户讨价还价的难题是在所难免的。突然想起之前我对一位客户说的话："你说这件礼物太贵了，我不否认这一点。但是，你要明白在这个世界上，金钱易得，真爱难寻。找到一个心思缜密、懂得感恩的人更实属不易。如果你已经找到了如意伴侣，那真应该感到庆幸。你的这份心意，千金难求。你觉得我说得有道理吗？所以，你应该知道怎么做了吧。"这个过程才是销售！如果客户对你的话深信不疑，那他们花多少钱也心甘情愿。

假设一个客户生命垂危，然而有一种产品能使他脱离危险。如果他知道后会怎么做呢？他一定会想尽办法筹到资金，为了购买这种产品甚至不惜一切代

价。为什么呢？因为此刻他危在旦夕，必须抓住最后一根"救命稻草"。如果你的产品能赢得客户信任，满足客户需求，令人心动不已、爱不释手，价格根本不是问题。

比如买房时，"这套房子合适吗？它能满足我的各项需求吗？在这里生活会平安喜乐吗？这套房子具有投资价值吗？我真的喜欢它吗？除此之外，我还有其他更好的选择吗？既然这套房子也不便宜，倒不如狠狠心多花一点钱购置一套梦寐以求的房子？"这些都是客户买房时心理活动的真实写照。即便十分在意产品价格的买主，其中大约一半的人都愿意为自己心爱的产品买单。如果某种产品并不能满足这些客户的需求，他们就会以价格高为借口，果断放弃、另寻他物。记住，如果客户说："哎，这个东西太贵了！"其实这句话的言外之意却是他认为这件东西价过其实！

你是否还记着我之前提到的售房案例：那套房子经我手后，售价比房地产经纪人给的评估价格高出了50%。买主一进门，我就断定她很钟爱这套房子。然而她的经理认为这套房子根本不值这个价钱。因此，她一心想进行房价评估后，再做决定。见此情况，我首先对买主的想法表示理解。然后跟她解释道，房价评估后给出的评估值一定比我们的定价要高许多，因此这么做除了白白浪费钱之外并没有任何实际意义。况且这套房子价值不菲，根本无法进行房价评估。此外我还告诉买主，当初买这套房子时我也花了不少钱，在我之前的户主也同样如此。待到她出售这套房子时，肯定更值钱。由于其地理位置优越，它的实际售价往往会高于市场的评估价。即便如此，想买这套房子的人仍然比比皆是。最后，这位买家决定直接入手这套房子，无须再大费周章地进行房产评估了。她在这里居住了一年半左右，之后便以更高的价格把这套房子卖给他人了。所以，顾客是否购买某种产品与价格高低无关。商品具有使用价值，能够赢得顾客的喜爱才是最关键的！

四美元的咖啡和两美元的白开水

要想成为销售业界的领军人物，你就必须理解客户所有的顾虑，以乐观积极的态度与他们沟通。每个客户都希望三思后行，慎重行事，这一点你必须理解。买家其实和你一样——他们可能愿意花"明天"的钱，圆"今天"的梦，因此消费支出往往超出预算。为此，他们必须勤勤恳恳工作、踏踏实实挣钱。或许他们曾因为自己的明智之举而欣喜万分，也可能因为判断失误而懊恼不已。其实我们都理解，毕竟谁都不希望因自己鲁莽行事导致决策失误。

如果要向一位企业家推销某种服务，就必须向其证明选择这款产品没有错。向这位企业家阐明为什么选择这项服务，对公司百利而无一害。如果要推销某种产品，则必须使顾客相信购买你的产品后，一定会感到物超所值、喜不自胜。别人也会因你的明智之选，赞不绝口，羡慕不已。

如果双方最终没有达成交易，我敢保证这绝对不是因为商品的价格高或客户预算不足。真实情况是客户认为这款产品并不符合他们的心意。如果把所有问题都归于价格的高低，人们为什么宁愿排长队花四美元买一小杯咖啡，也不想喝自家粗制的咖啡呢？水龙头里的水完全免费，人们为什么还愿意花两美元买一杯矿泉水呢？在电视上就可以看球赛，人们为什么愿意花数千元购买当季球票去现场观看比赛呢？明明可以花费半小时乘地铁去上班，人们为什么还总想着买一辆炫酷的跑车呢？孩子受伤时，你为什么愿意花大价钱找专业人士治疗，而不是自己粗略包扎呢？亲爱的，你要明白所有这一切都是因为喜爱。

回想一下，曾经有多少次你因一时冲动买了超出自己承受能力的产品。而这么做仅仅是因为你对它青睐有加、难以割舍。想一想，当你发现自己苦苦寻觅已久的东西就摆在你面前时，为了得到它，你有多少次不顾一切，甚至倾其所有。

记住，价格绝不是影响销量的第一要素。

第六章：问题

作者认为影响人们购买欲望的关键因素是什么？

请举例说明你曾经以价格为借口拒绝购买的某种产品。（举出两例）

1. _____
2. _____

影响人们购买欲望的两个主要因素是什么？

1. _____
2. _____

请写出消费者仅仅因为喜爱而不是出于某种需求，而购买的三样东西。

1. _____
2. _____
3. _____

请举例说明虽然某种东西其超出了你的承受范围，但是出于对该产品的喜爱，考虑到它能帮你解决实际问题，因此，无论如何你都想买下它（试举出三个例子）。

1. _____
2. _____
3. _____

面对客户讨价还价时，作者认为最佳的处理方式是什么？

第七章　用对方法，客户心甘情愿为你打开钱包

资金短缺

在让客户掏钱包之前，你应该直接表明自己的观点。大部分人都有一种错误的观念，认为自己多少有些资金短缺。但事实是，世界上流动的资金不计其数。所以，资金不仅不短缺，反而还会有盈余。

你知道吗，对于每个人而言，世界上其实都有足够多的资金在流动，而且多达净值10亿美元。10亿美元啊！那你分到一杯羹了吗？如果没有，则说明你工作不够努力，自身仍存在不足。但你要明白这并非资金不足导致的。

开阔眼界，向远处眺望一下太平洋，观察它创造的无穷无尽的能量。太平洋奔腾不息，永不停止。你可以亲临其境取其海水，就会发现取之不尽，用之不竭。那你能带走多少桶水呢？如果你想要多少就能带走多少，世上怎会存在汪洋大海？绝对不会。

思考一下市场上到底有多少资金。有多少人拥有自己的房子、车子，每月支付话费账单、添置衣物、购买食材？市场上的金钱数不胜数，一旦这些流动资金濒临短缺，相关人员就会马上印刷更多钞票——通货膨胀便不可避免！

永远不要有资金短缺这样的想法,因为事实并非如此!世上有成千上万的财富待你去追寻。当你下定决心寻求锦衣玉食的生活,就会发现身边到处都是商机。

注意!如果别人从你身上赚取利润难如登天的话,那么反过来亦会如此。我认识的那些精明出色、日进斗金的销售员往往都是最慷慨大方的人。他们不会爱财如命,并非因为他们腰缠万贯,而是因为他们懂得金钱是用来消费、体现自身价值的,不该对其视如珍宝、锱铢必较。正因为懂得这个道理,他们才不介意与人分一杯羹。

买家及其财富

一旦到了付款的时候,买家就会犹豫不决,就好像他的钱舍不得离开他一样。客户还可能会想一旦把钱交出去,自己的生活会不会因此受到巨大影响。当真的要与金钱比翼分飞时,买家往往行为怪异,开始转移话题,推三阻四;他们也许会胡编乱造荒诞离奇的故事,甚至稍加改变扭曲事实。然而,面对这种情况,训练有素的专业销售人员知道怎样在不给客户造成任何压力的情况下与客户沟通,促成这笔交易。

更滑稽有趣的是,你所看到的是多数客户并没有把金钱支付给你,而只是从一个银行账户转到了另一个银行账户。大多情况,他们根本没有支付金钱;其他人亦是如此。但他们会讲:"我买不起这件商品。"他们支付不起是情有可原的——否则我们要银行有何用!

曾有人还未付款,便指责我的商品标价太高。而当交易过程真正涉及金钱这个东西时,他立马做肯定回复,自此再也没有提过价格高这件事。

我见过的最难以对付的买家,后来对我千恩万谢,因为我陪伴他们一起坚持,努力解决价格问题,帮助他们做出正确决定。作为推销人员,你要爱自己的产品，相信自己的服务，尊重自己的客户，更要足够爱自己，而且还要学习如何"坚持推销"。如果你需要我帮助你处理买家对价格的异议，欢迎购买关于如何与人达成交易的全套音频教材。它一定会对你的销售生涯有所帮助。

同一位顾客，第二次赚取其利润会比第一次容易得多

一次偶然的机会，我发现了回头客现象，当时我非常激动，正向每个我打电话的人做推销。在那个反常的时刻，每件事情都易如反掌，不费吹灰之力就马到成功了。跟我正在合作的每个潜在客户都从我手中购买了产品，我就好像走进了宇宙中具有魔法的交易之门一样。曾经，我费尽心思，花了好几个小时才说服这个管理团队，让他们明白所在公司是能够支付得起此产品的。数小时之后，见我分析得头头是道，他们终于同意进购我的产品。

一旦他们决定进购该产品，我就决定顺势而行。问问决策层有没有投资该产品的意向，因为我真的认为投资这款产品对其公司百利而无一害，前景十分广阔。我知道他们已经超出了预算，但无论如何，我必须尝试一下。我向他们建议，既然他们支付的货款已经让自己心里不踏实了，那为什么不坚持到底，多购买一些呢？他们面面相觑，然后惊讶地望着我。其中一个管理人员说道："其实，我们也正要向你提出这个观点呢。既然我们已经超出了预算——那就只能通过多生产一些产品来扭转入不敷出的局面。"在那一刻，我偶然发现了一个很棒的销售秘诀：同一顾客，他身上的第二次利润比第一次容易赚得多。

这次发现着实让我大吃一惊，突然回想起之前出去购买某件产品，在商店里我犹豫不决，后来仿佛用了一个世纪才决定购买那件商品。不过，一旦最终做了决定把它买下，我发现，走出商店之后，回家的路上我又买了八件同种产品。这种现象在顾客之间屡见不鲜。一旦开始购物，买家会更加慷慨大方地买进商品。我相信，消费者实际上是在利用二次和后续消费来支持自己第一次正

确的决定。

为什么有人会把你介绍给他看过的牙医呢？是为了帮助这个牙医吗？或许有这种可能，而最主要的原因是，说服你去看同一个牙医能够说明他们自己之前的决定是正确的。每个人都想确定自己做的事情正确无误，他人愿意听从你的建议去消费，说明自己之前的决定准确无误。如果你遇见一位走在美国洛杉矶比弗利山庄罗迪欧大道上的女士，你可能不会看到她只拎着一个购物袋的情况。因为她们都会拎着大包小包买一堆东西。到此，第一个案例已经讲完！

案例 2：一位顾客走进旅行社，想进行一场邮轮之旅。他与旅游代理一起花费四个小时查看了所有的邮轮手册，试图判断出哪个套餐最适合。我应该去欧洲、墨西哥、阿拉斯加，还是加勒比海？我应该进行为期五天还是两周的旅行？最好的旅行路线是什么？最好的邮轮是哪个？一旦顾客确定下来目的地，并为完美的邮轮假期付费后，那么天气对于旅游代理来说就是最好的进一步推销的理由，由此便可以向游客提供其他相关服务。例如，从内甲板舱到海景套房不等的住宿，岛上旅游套餐，旅行保险，机票升级等等。因为顾客已经采取行动购买了第一个套餐，所以他希望自己的第一个决定是正确的，为了支持他最初的决定，你要让他对其他额外产品及相关服务几乎轻而易举就可享受到。

我在为教堂筹集资金时，发现了一个潜在客户，他之前一直抗拒任何形式的捐赠。最终说服他捐款时，我向他表达了我的祝福之情。他填写支票时，我望着他说："你知道接下来自己在有生之年会做更多的慈善。你是一个为人忠厚、心地善良、慷慨大方的人。为什么不好事做到底呢？"他看了我一眼，回答："你说得非常对。"然后把第一张支票撕掉重写了一张，而第二张的金额是他最初决定数额的 20 倍！

如果你曾经遇到有人在餐厅抱怨牛排的价格，却转身点了一瓶葡萄酒，然而它的价格是牛排的 2 倍，那你就会理解我的意思了。或者你见过这样的人吗？他对 10 美元的电影票抱怨不停，却花了 20 美元买爆米花、饮料和糖果。

你有没有听说过某人抱怨自己买车的费用太高？但这个人之后给汽车定制了22英寸的车轮，喷了定制的车漆，安装了三个街区外都能听见的立体声系统！当然，这样他就必须偿还信用卡18%的利息，而车轮、车漆以及音响的费用加起来比汽车花费还高。这就是由顾客二次消费导致的！如果你能领悟到其中的真谛，生活肯定会发生翻天覆地的变化，从此走向人生巅峰。

顾客花费越多，感觉越良好

不管你的潜在客户说什么，购物时，他们往往会买很多东西。信不信由你，人们其实是喜欢花钱的，他们花得越多，就越喜欢消费的感觉，然后越觉得自己的决定十分明智。你能举出一个例子吗？这个人，他/她无论是买房子、汽车、家具、设备、衣服，还是出门旅行都要精打细算。其实，这样的人根本不存在。消费者想带回家的东西数不胜数，绝非一两件。他们想要向邻居朋友吹嘘自己花了最多的钱买了最贵的东西。人们往往会有虚荣炫耀之心。如果没有这种攀比心理，那跑车和名牌服装就不会再有市场了。任何人都能买得起耐用的皮革钱包，但人们知道出自名牌设计师之手的往往更能满足人们的虚荣心。这就是美国，一个消费大国。不管好坏，我们都喜欢购物，并且特别享受买东西时别人投来羡慕的目光。所以，再次购买某样东西无疑证明了你先前的决定确实十分明智。

对于同一顾客，第二次赚取其利润会比第一次容易得多。这种情况下，人们往往会告诉你："不要贪心，不要同时做多笔交易，你只管完成订单就好，否则你也许会因为想再次赚取顾客的另一笔利润而生意失败。"这简直是胡说八道。这话只是对于那些渺小平庸的销售人员而言的，对你，完全不适用！赚取顾客第二次利润的工作，适用于那些想把自己的竞争力和收入上升到另一个层次，以及想达到事半功倍的人。

通常，你会花90%的时间吃主食，吃甜点却只用10%的时间。若想做好销售，首先你要将第一件产品包装起来，然后集中精力推销第二种产品——甜点。

这是一种好像能发挥魔力的魔法。销售员需要做的就是打开赚取第二次利润的大门，这会消除那些因为想要赚取第二次利润而担心生意失败的人内心的恐惧。

请牢记，资金不足根本就是一个借口，而事实并非真的资金短缺。

第七章：问题

如果别人想从你手中赚取利润难如登天的话，作为销售员，你的业绩会怎样呢？

写下当你跟自己的金钱"比翼分飞"时，曾做过的荒诞离奇的几件事。

1. _____
2. _____
3. _____

什么钱最容易赚，为什么？

为什么有人花得越多越开心，而不是花得越少感觉越良好？

为什么说资金短缺只是人们的一个借口，而事实并非真的资金短缺？

第八章　让客户对你产生好感

你在与人打交道，并非与"某物"打交道

制造商不断致力于扩大产品的知名度，加深人们对某产品的认知度，因为他们认为销售团队在这方面的努力远远不够。制造商简单地认为，销售人员只需要了解产品的运作方式，以及它能给人们带来诸多益处，就一定能提高销量。尽管销售人员理所应当对产品了如指掌，但一定不要忘记，购买这些产品的是顾客。所以销售人员如果想要做成生意，先知其客户，而后知其产品是至关重要的。据我所知，有些销售人员，他们了解产品的每个细节，但仍无法达成交易，因为他们对顾客的心理知之甚少。如果对产品无所不知，对顾客却一无所知，结果也绝对不会尽如人意。

如果你先去了解产品，再去了解顾客，那就本末倒置了。销售人员必须意识到，他们首先是在跟客户打交道，然后才跟产品打交道。不可否认，掌握与产品相关的专业知识是必不可少的，销售人员必须了解该产品的优点，以及为什么与其他产品相比，它更胜一筹。但重中之重，在把产品推销出去，或向人们展示其优点之前，你必须了解顾客的心理需求。

我见过的大多数销售人员，他们花费了太多时间来推销产品，却忘记对于销售而言，八分靠拉拢顾客的心，二分靠推销产品本身。每时每刻都有人购买劣质产品，而这也恰好验证了此观点的正确性。原因何在？因为人们之所以购买此产品，不单因为这种产品具有一些优点，他们还会受到各种因素的影响。

例如，上班族忙碌一天后走在回家的路上，路过一家便利店，停下来随意买了一盒牛奶。哪个品牌的牛奶最美味可口？附近最物美价廉吗？这个人不了解，也不会关心这些细枝末节。因为他买的不仅仅是一盒牛奶，还是一种便利，只要能给他补充能量，帮他尽快回家休息就可以。

机场的擦鞋工不明白，人们之所以不去他的摊位擦鞋，原因并不在于他的服务价格高或者服务质量差。他没有意识到这点，因为他认为自己的工作只是擦鞋而已。商人不会在擦鞋的摊位停下，因为他认为擦鞋完全没必要；而绝非因为不能接受这样的价格才漠不关心。他唯一关心的是自己会不会延误航班。如果擦鞋工做一个"60秒，还你一双干净皮鞋"的广告，那他定要扩大摊位才能应付得来所有的业务。要想达成交易，你就必须明白，你是在跟客户打交道，而不是跟鞋子打交道。销售员要学会站在客户的角度思考问题。商品本身没有任何思维或感知，而客户却能感受一切。

我现居于洛杉矶，我跟妻子经常在日落大道的一家加油站加油。每次我们到达之后，加油站的主人就会笑脸相迎，而且他们清清楚楚地记得我们的名字，接着就会给油箱加满油，然后帮我们清洁挡风玻璃，最后免费赠送一瓶水！那你说，我中意的是这家的汽油呢，还是他们的服务？店家为我们提供的不只是汽油这么简单，他们给予的热情服务才是我们真正在乎的。主人销售的是人情事理，还是汽车燃料？得到满足的是我的汽车，还是我的内心？如果你了解客户心理，就会得到正确答案。加油站的主人清楚地了解，自己并非在跟汽油打交道，而是在跟客户打交道——这就是我们一如既往地从他那里加油的原因。

有人说，人们直到确认你非常关心客户的心理感受，才想要进一步了解你对产品的熟悉程度。对此我深信不疑，并且可以用大笔佣金验证此观点。我从来不会认为自己在销售产品，而会觉得是在帮助客户做重要决定。我曾销售过鱼、汽车、衣服、房地产、磁带、珠宝、投资以及想法理念。通过这些经历不难发现，当我以客户为中心时，销售最成功——因为这些人渴望享受生活，并且希望通过购买我的产品来解决实际问题。

通常，销售员在对客户一无所知的情况下就与他们攀谈推销，这是销售行业中的大忌。销售员需要了解买家最看重什么？他们需要什么？对于他们而言，理想的居住环境是什么样的？他们购买此产品的目的是什么？产品的什么优点甚合顾客心意？如果顾客得到了自己想要的一切，又会怎样呢？而这些问题会指导你如何向他们成功推销。

销售员要以客户为中心，而不能一门心思只推销产品。顾客出门购物时，并不在乎你对产品了解多少，他们在乎的只有自己：比如自己的时间、金钱，以及能否享受最好的服务。此时此刻，他最在意自己的感受；你和产品只能屈居第二。

世界上最幽默风趣的人

"我可能不是最幽默风趣的人，但我是对自己最感兴趣的人。"

——匿名

无论人们多么中意一件产品，无论他们多想立刻将它拥入怀中，较之于添置一件新产品，他们更关心自己和家人的感受，更在乎这样做是否明智。

如果你更关心销售业绩，对顾客的感受不闻不问，他会认为你就是金钱的奴隶，是一个唯利是图的人。所以不要太在意自己的业绩，或者过分夸赞自己的产品，而应该对客户多点关心，这样才会使你的销售业绩不断上升。

我和妻子最近会见了一位资深高端的房地产经纪人，她带我们参观了一套房子。当我们欣赏这套房子时，我开始跟经纪人说最看重房子的哪方面，对于这点她直接把我的话当作耳旁风，不理不睬，然后继续将话题转到房子上面，对其赞不绝口。你可能会认为这位代理人是一个商业新手，但恰恰相反，她在房地产行业已经待了20多年了。也许这只是她的个人问题。她的确成功地加入了房地产行业，但却忘记了自己无法脱离顾客，每天还要与客户打交道。

90%的销售员都没时间倾听潜在客户内心的声音，或者花时间去探寻这位客户真正的需求。虽然与他人相比这位经纪人非常成功，但试想一下，如果她真心为客户考虑，真心在乎客户的需求，她的销售业绩定会是另一番景象！如果她肯认真听取我的看法，就一定会大大节省自己的时间，因为那样的话她就知道重点向我介绍房子的哪方面，知道从哪方面入手，说服我购买这套房子。这看起来虽然是小菜一碟，但你必须要发自内心地关注顾客需求，必须了解如何与顾客有效沟通。这指的不是简简单单的谈话聊天，而是实实在在的交流！有效的沟通需要你发现客户最看重产品的什么性质，这样你才能正确判断他们的实际需求，然后对症下药，有针对性地介绍产品的性能。客户最在乎什么？什么才是至关重要的？为什么它如此重要？顾客喜欢什么样的服务态度？怎样才会让他们毫不犹豫地购买你的产品？

我曾经向一对夫妇推销一套公寓，但发现那位丈夫心不在焉，我讲话的时候甚至不屑一顾。几分钟后，我直言不讳地问他："你好，请问你为什么不愿意认真听我讲话呢？"起初他愣了一下，但值得高兴的是，他开始跟我交谈了。我对他很感兴趣，也是从那时起，我俩开始无话不谈的。我问他自己理想的生活环境是什么样的。这个问题让他瞬间就敞开了心扉，然后向我描绘了自己向往生活的蓝图。交谈过程中，我发现高尔夫球是个不错的话题，所以我告诉了他去往高尔夫球场的最近路线。他滔滔不绝地讲着高尔夫球，直到签署文件才停下来。整个过程，我几乎没有做销售公寓方面的工作，只是对他的需求感兴趣而已，然后跟他促膝长谈，将他放在举足轻重的位置，而不是一味地只顾着夸赞这套公寓多么不可多得，这样一来，我便发现了他在乎的东西，然后认真聆听，最后达成了交易。

沟通 = 销售

如果不与买家沟通，你就没机会对他进行推销。字典将"沟通"定义为：人与人之间通过共同行为或特征交换信息的过程。

只是单纯地谈论你的产品算不上沟通，因为你与买家之间没有思想信息的交换。在销售中，我们只对能够获取有效信息的沟通感兴趣，因为这样的沟通才能将语言付诸行动。要想获取信息，意味着你的交流中应该包含很多问题。比如：你想通过此产品获得目前产品无法带给你的什么体验？你目前使用的产品需要如何改进才能让你满意？如果给你的产品从 1 到 10 分做个评价，你会给目前正在使用的产品打几分？怎样才能得到你十分满意的评价？这种（吸引你的）问题会帮你发现买家到底想要什么、需要什么，最重要的是他对产品价值的等级划分。此外，询问问题表明你对客户尽心尽力，而且客户肯定也希望你对他们关爱有加，而不单单心系销售。

几年前，我有意购买一台电脑，走进专卖店后，销售员便开始向我一一列举电脑的运行速度、内存、存储容量、兆字节，以及所有对我来说毫无意义的技术信息。我迅速远离了这个给我僵尸般感觉的销售员，远离了他向我狂轰滥炸的技术术语，以及其他一窍不通的信息。毫无疑问，我并没有从他那里购买电脑。一周后，我走进了另一家电脑专卖店，遇见了一位真正会推销的销售员，他面带笑容来迎接我，开门见山地问我一些问题，而不是跟我介绍那些冷冰冰的数据。他问我旅行时是否会带电脑，判断我使用电脑的三个主要用途，以及我最关心电脑的哪种功能。这位销售员在 60 秒之内对我的关注，比上一位销售员 15 分钟之内给我的关注都多。显而易见，他是真心实意想帮我找到合适的电脑，而不只是心心念念想着推销产品。我告诉他，我一直在考虑购买具有某种性能的电脑。他立马解释道，虽然我想象的模型很完美，但实际我并不需要这么高端的配置，只是白白浪费钱而已。他的建议很中肯，因此立即获得了我的信任，这样的话，我对他信赖有加，自然很容易就达成了交易。

在不到 20 分钟的时间内我一口气就从该销售员手里买了两台笔记本电脑和一台台式电脑。在走出店门之前，我向他咨询我可能还会需要到的东西，在他的建议下，我另外买了内存卡和软件程序，并延长了保修期。第一个销售员费尽心思花了足足 15 分钟的时间展示他的产品专业知识功底，但他却对我不闻不问，对我的需求也漠不关心，因此订单交易失败。原因何在？因为他只重视产品的专业知识，却忽略了与人打交道的学问。那位成功把产品推销给我，并得到报酬的销售员一定也具备很好的专业素养，这也是他能够引导我做出正确选择的关键所在。但他并没有急于炫耀自己的专业技能，而是把我放在了举足轻重的位置。销售中涉及的人性永远是不可替代的，在如今机器时代越来越发达的社会，我们涉足越深，关注人性服务就越重要。

我想澄清一点：虽然我建议你多向顾客询问问题，但绝非是为了掌控顾客。

多年来，推销训练员一直在滥用这条策略，而且错得离谱至极。你之所以需要询问在你面前的这位顾客一些问题，是因为你要找到更多可以帮助他的方法，而非想方设法去掌控操纵他。

与销售相关的书籍提供了一些推销策略，这些策略收集了一些专门用来应付买家的信息。它们甚至提到了一些歪门邪道的主意，例如，建议销售员不但不要回答顾客的问题，而且还要多多反问客户一些问题。这完全就是操控，而不是以帮助买家为目的的沟通。时间会说明一切，你定不会大富大贵，老天不会姑息坑蒙拐骗的人。

总而言之，我是在跟人打交道，而不是跟产品打交道，更不是想要掌握操控客户。

秉持客户至上，产品次之的信念

你要相信这是销售生涯中事关成败的基本规则：你是在跟客户打交道，而不是在跟产品打交道。要记住：客户至上，产品次之！客户比公司的任何销售流程都重要。如果不把客户放在举足轻重的位置，任何产品或销售都不会大获全胜！产品无生命，但人类有灵魂。销售流程只是一个活动，远不如客户重要。一旦哪家公司把销售流程看得比客户还关键，那必败无疑。

我的一位朋友是商业房地产经纪人新手，我有意投资一处房产，因此他邀请我参加一个与之相关的会议。在此不方便提及他所任职公司的名字，但我可以告诉你，这是一家全世界都著名的出售公寓楼的房地产公司，它卓越的成就离不开公司内部严格的销售流程。

我邀请朋友来我家商量会议的相关事宜。但他回复我，一定要我亲自去办公室找他，而不是在我家商讨。这简直太莫名其妙了，然后我告诉他："你来我家一趟，我们只是了解一下如何从你手中购买产品就好。"他给我回了电话，仍然坚持要我去他的办公室！这完全不是我朋友的一贯作风。我问他为什么继续坚持不退让，因为无论如何我都不会去他的办公室的：如果想见我，他就必须亲自来我家，或者干脆不见面也可以。这时，他终于向我妥协了。到了以后，我们坐在厨房的餐桌旁，我继续问他为什么一定坚持让我去他办公室。他解释道，他曾经参加过一个研讨会，而且公司的销售制度就规定，一定要让客户去销售员的办公室，而不是销售员亲自上门拜访。

这就是公司向年轻销售人员提出的"控制"观念，这种理念宣称只有控制客户，才能拿到更多订单。

尽管适当地规定一个销售流程至关重要，但当销售流程变得比服务客户还重要时，那就大错特错了！这个特定的销售流程并不包括我，包括的是买家！顺便说一句，我的朋友从来没出售给我任何房产。与此相反的是，在我的劝说下，他毅然决然地放弃了那家公司的工作，过来帮我一起打理生意。事实证明，这对我们双方来说是互利共赢的决定。后来，他成为一名腰缠万贯的企业家，还是一名房地产大亨。目前为止，他依旧感激我当时幸亏没听他的建议，去他办公室！因为客户永远是至高无上的，客户远比死板的流程重要。

我仍记得悍马 H2（一款 SUV）刚刚问世的时候，在亲眼看见了它的飒爽英姿后，我激动不已，便立马给经销商打了电话，因为我想入手一辆。其实我在生活中用不着悍马，但它是我梦寐以求的，而且我已经迫不及待地想拥有它了！一位销售员接通电话后，我便向他询问悍马的价格。但他却告诉我，在电话上讲话不方便，不好透露价格。我追问，是不是他有什么难言之隐，因为我只是想要一个报价而已，但是他仍然三缄其口。只是说，公司规定不能在电话中给客户报价。天呀！这是什么鬼政策?!

悍马的经销商自认为制定了一项极佳的策略，实际上却阻止了人们购买商品。后来他告诉我，公司之所以制定这项政策，是为了防止人们通过电话问价，然后比对价格转向竞争对手去买车。听他这么说，我突然意识到，我确实可以再向其他商家打听一下，"嗯，也许我应该通过……寻求悍马的价格。"但我想不明白，如果没人愿意回答客户价格问题的话，为什么悍马经销商还要费尽心思地设置热线电话呢？

这是企业为了防止人们从竞争对手手中购买商品，而实施了不良政策的完美例证。管理层一些所谓的天才制定了一项政策，这不仅打击了客户买车的积极性，而且对买家以及销售员来讲，都毫无意义可言。这就导致，广告费用完全浪费，恶性竞争无形中产生，销售生意无端被毁，员工流动直线上升。

一些毫不顾及顾客感受的销售流程不仅没有用武之地，而且还会成事不足，败事有余，这都是不可避免的。要牢记在心：任何销售流程、销售程序或销售政策都万万不可喧宾夺主，客户才是至关重要的。

客户会给你开支票，但政策和流程却做不到。产品是死的，人却是活的。产品多种多样，但客户是无可替代、独一无二的。产品自身不会把自己推销出去，但人们可以将它展示给世界。永远不要忘记，购买产品的是客户，你的工作是说服他们信赖你的产品，而不是生硬地将产品推销给他们。

关心客户永远比推销的产品和固守的、呆板的销售流程更为重要。销售员要真心实意地关心客户是否购买了正确的产品。客户应比销售占据更重要的地位，这样的话，你的销售业绩定会直线上升。要关注客户想实现的目标、想解决的问题，然后把他们视为无可替代的——就像生活和呼吸不可或缺一样。售前、售中、售后都要顾及客户的感受，考虑客户的需求——即使交易没有完成，也依旧要保持良好的服务态度。切记，永远不要让销售流程抢了客户的风头！

你不是在跟这些行业打交道，例如：房地产、抵押、保险、投资、报纸、服装、代理、酒店、研讨会，或者任何自称为"商业"的行业。所以，现在立马从你认为的这些行业中脱身，加入到客户的行业中，学会与客户打交道！

第八章：问题

对销售员来讲，熟知产品固然很重要，但为什么了解客户心理更加重要呢？

什么是 80：20 规则？

客户最感兴趣的是什么？

在沟通的定义中，最重要的部分是什么？

举出三个例子，说明如何让人们与你互动交流：

1. _____
2. _____
3. _____

永远都比产品、政策或流程"高人一等"的是什么？

第九章　尊重客户的想法

认同消费者的观点

谨记：尊重消费者的意见。

这条规则在销售领域至关重要，也是很多销售人员容易忽视的一条法则。若想促成交易，你必须尊重顾客的意见。

这条黄金法则并不是说"顾客永远是对的"，因为没有谁的观点能够永远正确。如果你有过类似的经历，对我的话一定会深有感触。所以，我想强调的是，无论顾客的观点是否正确，都应该尊重他们的意见。尊重顾客的想法，便能顺利促成交易；否则，注定以失败告终。

如果你根本不尊重他人的意见，那指望别人认同你的想法简直就是痴心妄想。人们往往会被一些与自己观念相符的产品、想法或人物所吸引，这是一条亘古不变的真理。你的朋友一定与你价值观相似，你一定希望跟家人一起去度假；因为他们都能理解并尊重你的想法。相互理解的人终会走到一起，而价值观念相悖的人则会分道扬镳。有句话说："异性相吸"，但这条规则在销售领域内并不适用。在交易过程中，顾客肯定是出于喜爱才会注意到某些产品，而产生喜爱之情也是因为这个东西能够满足客户内心期望。如果我喜欢你，那也是因为在某种程度上，我们可以相互理解。

一方先做出让步

如果双方无法认同彼此的观念，则很难达成交易。彼此观念不和也往往是交易失败、婚姻破裂以及产品无人问津的重要原因。大多数人认为消除分歧需要双方共同努力。然而，事实却是，只要其中一方先做出让步，双方的分歧自然而然就烟消云散了。即使客户的想法十分荒诞，甚至有些夸大其词，你也要尊重他们的意见。为什么要这么做？因为这只是你的想法而已，顾客并不这么认为。假如顾客认为某件事是这样的，而你却认为是那样的，其实这只说明你们想法不同而已，无关对错。但是，在这种情况下，你若想促成交易，最好不要急于否定顾客的想法。如果顾客看完某产品还想要再三考虑一下，在这种情况下，如果你急于求成，不断劝说顾客立即购买此产品，反而会适得其反；然而，如果你对顾客的想法表示赞同并告诉他仔细考虑的确是明智之举，这样做的话，顾客反倒会觉得你之前说的话貌似也有几分道理，这样双方才有可能顺利达成交易。所以说在销售过程中，首先要尊重顾客的想法，才有机会进一步与客户沟通。你可以让顾客再三考虑，但不可否认的是，没有其他产品比它更合适了；而且这款产品的价格也不高；它能为公司节省不少开支；现在购买此产品，就不必再费尽心思另寻他物。所以，一定要先对顾客的想法表示认同。这样，顾客的想法才可能有所转变。

我想养一只狗，但是我们家已经有三只狗了。因此我的妻子坚决反对这个主意。见此情况，首先我会认同她的想法。"亲爱的，你说得没错。我们再养一只丹麦犬确实多余。"

妻子的眉毛向上一扬，有点惊讶地问道："你真同意我的看法？""当然了，十分认同，我理解你的用意。"紧接着我又说："你说得对，就实际情况来说我们确实没必要再养一只狗了。"

可是当她看到小狗照片的时候，嘴角泛起一丝微笑。她情不自禁地赞叹道："这只小狗真是太可爱了。"

终于，第四只小狗成了我们大家庭中的一员！所以，从这件事你有没有发现什么？与顾客意见产生分歧时，首先要尊重并理解他们的想法，只有这样才可能促成交易。然而，销售人员经常忽视这一点，而违背这项规则又恰恰犯了销售领域的大忌。尊重顾客的想法是提高销量的关键，要做到这一点也不容易，需要在日常生活中不断积累经验。因为在交易过程中，销售人员往往只顾着为自己的产品争辩而忽略了消费者的感受。

挑战不可能，尝试尊重别人的想法

为了做到这一点，你真的需要勤加练习。你最好从身边的朋友、家人或同事开始做起，然后从中摸索规律。记住：做任何事情之前，首先要尊重对方的想法。

练习方法：尝试整天都认同他人的想法。尽量认可身边人的观点，因为每天你都会有无数次想否认别人想法的冲动。我敢打赌，几乎每天你都会不由自主地违反这条黄金法则。尝试一下！如果你发现一开始勉强自己认同他人的想法很困难，那就慢慢来。尝试去尊重他人的想法，一直坚持下去，直到你能恪守这条法则。

我见过的那些每天只利用早上八点到八点半，三十分钟时间来练习这项技能的销售人员均以失败告终。

如果你的孩子说他今天不想上学，不要急于批评他，首先对他的想法表示理解，告诉他："我知道你不愿意去学校，换作是我，我也不想都周五了还去上学。但是亲爱的，我们还是应该穿好衣服按时上学对吧？"

如果你的丈夫想去看新上映的动作电影，而你却想和他一起共进烛光晚餐。这时怎么办？先赞同他的想法。"看电影确实是个好主意，在这之前我们先一起去新开的咖啡馆吃点东西可以吗？"一旦双方达成共识，就离你的目标越来越近了。既然到了咖啡馆，要么你就说服他一起共进晚餐，要不就一起去看电影。不管怎样，都是两个人共度美好时光，岂不是很完美？

如果消费者说："这东西太贵了。"关键问题来了，这时你应该说："你说得没错，东西的确有点贵。但不可否认的是许多客户一致认为该产品具有极大的投资价值。如果你现在使用该产品，一定会为你带来巨大收益。"

"你们这种新屋顶太贵了。"消费者抱怨道。你应该说："确实有点贵，但是我们可以保证它的使用寿命长达 30 年，而且在此期间不会出现任何问题。也就是说你不必支出额外的修补费用。既然你早晚都会买，为什么不早点做决定呢？"

"这间卧室太小了。"消费者说道。"的确如此，"你先认同对方的观点，"我也注意到这一点了。关于这个问题，我们还可以再商量。你有什么想法吗？"

先认同消费者的想法，看看他们有没有好的解决方案，然后再阐述你的想法。你会发现，其实你们之间的分歧并没那么严重。

"我们从来不草率做决定！"消费者说道。"是的，我理解。"你说，"我也不希望你鲁莽行事，慎重考虑后再做决定也不迟。但是，你一直以来都希望更新电脑系统。况且旧系统你已经用了近 10 年了，确实该升级了。假如你只用了一年就进行了升级系统，那确实有些草率。但是，到现在都 10 年了，早该更新了。"

在销售领域，尊重顾客的想法是第一位的。这甚至比促成交易还重要。我简直不敢相信这些话是我说的，因为以前我一直认为竭尽全力促成交易才是硬道理。如果你不认可客户的意见，那就很可能导致交易失败。跟我列举出各行各业中业绩在前1%的销售员，之后我会帮你分析，他们对于赞同顾客观点，以及最后顺利达成交易是多么得心应手、游刃有余。

销售人员总是极力反驳客户的意见，试图把自己的观念强加给顾客。这无异于逆水行舟。游泳时，若出现溺水事件，遇难者大多不是被淹死的，而是由于在水中长时间挣扎，筋疲力尽而亡。同样地，销售人员交易失败也是因为他们总是一味反驳顾客的说法。因此，只有尊重消费者的想法、顾及他们的感受，才能顺利达成交易。

你说得对！我非常理解你的用意！你有什么想法可以直接告诉我，我们还可以再商议！我们会尽可能满足你的要求！成交！

不管顾客的想法多么违背常理、荒诞可笑，如果想促成交易，就必须建立协作关系，相互理解，相互包容。

或许有人会说，如果那些与自己价值观念不符的想法也必须认同的话，这不是强人所难吗？这么说虽然有一定道理，但我更愿意把这种做法当成与人沟通的一种方式。在我看来，不尊重顾客的想法，就不可能促成交易。如果你说天气很热而我却觉得有点冷，这时如果我尊重你的看法，于我而言也没有损失什么吧？我只是认同了你的观点而已。这根本谈不上把谁的思想强加给另一方，只是相互理解罢了。实际上，你也没有问我对天气的看法。我只是默默地尊重你的看法罢了，对此事我无须发表自己的言论。如果我非得说天气很冷，除了给我们两个徒增烦恼之外一点意义都没有。与买家建立信任基础，会增加他们从你这儿购买产品或服务的概率。如果买家在你身上看不到一点诚意，感受不到产品的实用价值，而且买卖双方意见不合、摩擦不断，这说明你与客户的沟通方式存在问题，你一定犯了避重就轻的错误。身为销售人员，本该把注意力放在产品自身上，而你却只想着怎样消除与顾客之间的分歧。

如何使顾客心软

假如顾客只给你十分钟时间,在这个时间内为产品做详尽介绍是不可能的。我曾见过许多销售人员,他们只有十分钟的时间,还一直滔滔不绝地推销产品,结果常常话说到一半就戛然而止了。其实,在这么短的时间内,比较明智的做法应该是,首先感谢对方为你腾出宝贵的时间,然后切入正题。如果一开始你就对顾客的做法表示理解,双方就会建立一种相互信任的关系,这样你便有机会推销产品了。而且,因为相互理解、容易相处以及专业性强,你会很容易与客户沟通,获取他们的信任,走进他们的内心世界。

在我接触过的成千上万个客户里,交易初始他们都说只能给我几分钟时间。我暗自窃喜,因为我很擅长应对这种状况。在这种情况下,我通常会立即告诉客户:"感谢你能为我腾出宝贵的时间,十分钟足矣。"顾客的反应一定会让你认为,由于喜从天降,我欣喜若狂。顾客见我毫不怯懦、信心十足,立即断定我是一名专业的销售人员。能够赢得客户的尊重,也是因为我可以设身处地为他们着想,而不光想着面红耳赤地与之争论。为什么客户的态度会有所转变?顾客态度好转并非因为我使用了歪门邪道,而是因为我能理解他们。我知道他们时间宝贵,并承诺绝对不会占用他们过多时间。他们能留给我几分钟的时间,我已经感激不尽了。能留给我十分钟已经很知足了,总比连机会都没有要强。因此,首先要理解顾客的想法,才能给自己赢得机会。只有那些尊重顾客想法的销售人员,才有机会说服顾客、促成交易。

神奇的话

无论客户的想法是对是错,都要尊重他们的意见。这样他们就可能不那么固执己见了。

如果想让别人认同你的想法，首先得懂得站在他人的立场思考问题，尊重他人的意见。

如果你想和别人争吵不休，那你尽管极力否认别人的想法；如果你想听别人无休无止地在你耳边辩解，那你尽管与其争辩好了；但是，如果想让他闭嘴，你就必须尊重他的意见，这样他才不会没完没了地与你争论。

解决双方争议的最好途径就是认可对方的观点。我有一个好朋友，结婚已经17年了。她说，维持夫妻关系的一个诀窍就是尊重对方的观点。不断地对你的丈夫说："对，你的想法没错。"尽快结束无谓的争吵，把重心转移到其他重要的事情上，生活会更加美好！

同样地，与客户沟通时也是这个道理。当客户跟你抱怨时，你应该理解他们。如果客户大声抱怨"你们这是漫天要价，不合常理"，你应该说："先生，我承认你说得没有错，关于价格我们可以再商议。"但如果你直接否定顾客的想法，只会使双方的争议愈演愈烈。

生活中或许你有过这样的经历。在日常生活中，你可以先在你的伴侣或朋友身上验证一下这个观点。如果一开始你就极力否认他们的想法，看看接下来会发生什么。你会发现自己引发了一场"纷争"。为了迅速结束这场纷争，你只需认同他们的观点即可。可见，只有认同对方的观点，才能缓解冲突，结束纷争。

曾经，我对一名销售员说想购买某种产品。然而他立即反驳我："你这样做太不明智了，你应该投资这款产品。"他的回答让我感到自己的权利受到了侵犯，想继续和他做生意的热情瞬间消失殆尽。由于销售人员直接否定了我的决定，直接导致本来很容易达成的交易失败了。他本可以跟我说："先生，购买这款产品固然是个不错的选择。"然后，当他收钱的时候，可以再向我表明他的想法。如果他这么做，而不是直接干涉我的决定，我或许会考虑投资该产品。

  尊重别人的看法是促成交易的最快途径。尝试认同别人的想法，会帮助你在销售领域取得佳绩。世界上最有力的一句话莫过于："对，你说得没错！"还有就是："我同意！"

  认同顾客的看法，你就会掌握主动权。同时，消费者也乐意听取你的意见，促成交易也并非难事。尝试尊重顾客的意见，奇迹一定会发生！

第九章：问题

销售的第一法则是什么?

有多少人利用这条法则消除双方分歧?

为了促成交易，你要做的第一件事是什么?

遇到下列情况，你会怎么办?（然后请对比我给出的答案）
- "这个东西太贵了。"
- "这种屋顶有些价过其实吧。"
- "这间卧室太小了。"
- "我们还想再考虑一下。"

第十章　赢得客户的信任

采取行动，空口无凭

在本章中，你将学习到怎样才能赢得买家的完全信任，并因此提高你的工作效率。

由于少数不道德的销售员歪曲产品的益处，因此客户对你说的话难免心存疑虑。电视新闻广播和报纸铺天盖地地报道了许多劣质产品事件，这些骗局让消费者惶恐不安，以至于对销售员半信半疑。这种怀疑态度让潜在客户提高了警惕，导致销售员无法与买家建立信任，而这种信任恰好对客户的决策起着至关重要的作用。

不管怎样，重要的是，你应该意识到买家会缺乏信任感，而要想促成交易，就必须解决这个问题。如果买家在销售周期中表现出对卖家的不信任，那问题并没出在买家身上，你才是问题的负责人！如果买家质疑你或你展示的产品，那么你提供的任何关于该产品的信息顾客根本听不进去，甚至会反驳你。

当然，无论如何，买家最后都会做出决定——只是这个结果不尽如你意。如果买家决定"再考虑一下"，其实他已经做了选择，不幸的是，这个结果没有如你所愿。

销售员的表现总会影响客户的决策。在此强调一下，一直如此，从无例外！如果买家决定好好考虑一番，说明你并没有获取客户的完全信赖！是你的表现，让顾客心存疑虑，难以立即做决定。如果买家决定把此事提交给董事会商议，那也完全是因为你的表现让他们犹豫不决！

如果买家不信任这位销售员，或者质疑他所展示的产品，那他会想方设法找各种借口，推三阻四，绝对不会立马购买你的产品。即使你几经周折达成了交易，彼此之间如果仍存信任危机，也会成为未来的隐患，与买方交付产品或为买方售后服务时，问题还会随之而来。

如果销售员了解客户的所思所想，那他只是刚刚迈进了只有专业人士才能涉足的领域而已。而真正有趣的领域，是客户那些止于言语的想法，这样的话，你就不必再察言观色，只需洞察客户的内心，体会客户内心真实的想法即可。你要仔细琢磨客户的心理活动。如果某个销售员愿意踏入这个人迹罕至的领域，那他定会实现从普通画家到杰出艺术家一样的飞跃！过去的 25 年里，我所有的销售研究都涉及了客户的内心想法，而不仅仅只在意他的金钱。

潜在客户并不会促成交易——但销售员可以

如上所述，潜在客户并不会阻止销售；如果交易不顺利，那一定是销售员的过错。而且，你要明白，客户本身不会促成交易。促成交易这件事是销售员的本职工作。能否达成交易完全取决于销售员，而非潜在客户。

为了促成交易，你必须了解客户的心理。如果你不了解买家的想法，也不了解什么情况下他们会有回应并采取行动，那你就无法对症下药，发挥所长，激发销售潜能。当你迈入这个舞台的时候，你就会发现你是在与人打交道，而不是跟产品打交道。人们行为都是靠思想支配的。如果你了解客户的思想，那你对客户必定也能了如指掌。

大多数销售人员在销售业绩下滑时，往往会责怪他们的客户，当然他们不会当着客户的面发牢骚，但是不一会儿和同事在一起时就会开始抱怨了。"他根本就不会做决定。根本不知道自己想要什么。他根本支付不起自己想要的东西。他纯粹是在浪费我的时间。"然后一直抱怨不停！我从来不会容忍跟我一起共事的人说这种话。抱怨根本无济于事，只能表明他的责任心不强，而责任心不强就意味着交易必定失败。

销售员必须对自己、潜在客户以及发生的所有事情负责。

有一次在零售家具店一位买家告诉我："我今天不会买任何东西。"我面带笑容地回复他："先生，如果你今天不买东西的话，这将是我的过错，跟你毫无关系。"他看着我，咧嘴笑道："你太棒了！我现在就要告诉你我在苦苦寻找的家具样式。"那天，这位客户不仅从我手中购买了家具，而且还买了装饰整套房子的东西。销售中，我能做的一切就是对顾客负责。而且，我心知肚明，那天他所说的不会买任何东西只是随口一说而已，并非他内心真正的想法。买家应该做的唯一一件事，就是购物。

如果买家说"我今天不想买东西"，这就表明，他要么不信任销售员，要么不确定自己的决定是否明智。你要理解买家为什么会警惕销售员，为什么质疑自己做决定的能力，这一点至关重要。而且你必须要了解这些要点，并且能够妥善处理出现的问题。

当你初见某人，就感觉他/她不信任你，那跟你个人毫无关系。因为你还没开口说话呢，何谈信任与不信任之事！也许你今天穿的蓝色衬衫让他想起了一些不堪回首的经历。我不确定这是否为他质疑你的原因，但我知道，如果你不把这件事处理得当的话，向他推销绝对会吃闭门羹！

诚信＝增加销售额

缺乏信任会增加你的销售成本！买家的不信任会降低你的诚信度，诚信降低就会延长销售周期，从而降低促成交易的可能性。

作为一名销售员，诚信是最宝贵的资产之一。当发生的事情会导致你的诚信遭到质疑时，要想让买方相信跟你合作是个正确的决定简直比登天还难。如果不信任的因素一直存在，不管你怎么向买家解释，怎么请求，怎么辩护，或如何说服了他，你都应该意识到，自己已经忙得不可开交，并且为了促成这笔交易，当务之急就是要处理这些不信任的因素。你必须立即重建自己的诚信。你对它视而不见，不代表它会烟消云散。这个问题必须得到妥善处理！如果买家不信任你，就算你技艺再高超，说得天花乱坠，他们也会置若罔闻。

出色的销售员都理解买家为何不信任他们，乐意承担全部责任，并且不会介意自己受到买家质疑。

我经常想当然地认为，买家不相信我的一言一语是情理之中的。他甚至认为我提供的姓名都是伪造的，这就是我为什么会向买家展示我所了解的实实在在的东西，来让他们信任我的原因，因为他们坚信，眼见为实，耳听为虚。当我谈论某个产品时，我向客户介绍的内容都会以书面形式呈现给顾客。如果我告诉买家，这块地产占地面积 4.4 万平方英尺，我一定会让他看到支持我言论的文件，这会向潜在客户表明，我是值得信赖的，而且我完全清楚自己的职责是什么。这样一来，在以后的合作中，双方的信任基础就会更加牢固。

人们坚信：眼见为实，耳听为虚

你是否注意到，有时候买家根本没有全神贯注地听你介绍？这种现象之所以发生，是因为买家想当然地认为他不能相信销售员的片面之词，毕竟空口无凭。

人们坚信：眼见为实，耳听为虚。所以销售员一定要把产品介绍、提案以及报价等信息落实到书面上，亲自给顾客审阅，他们才会安心。

潜在客户不愿相信自己的耳朵，但若是自己亲眼所见，就不会有丝毫怀疑。如果你告诉别人关于自己听说过的一些难以置信、匪夷所思的阴谋理论，那就要向他展示提出此理论的文章出处。如果这篇文章真真切切地摆在那里，其真实性便会大大增强。

我有一个腰缠万贯的朋友，我非常想跟他一起合作做投资房地产的生意。关于地产、交易或投资，我对他只字未提；也没有浪费时间告诉他这次投资会稳赚不赔，因为这种事情他已经听了千次万次了。我打电话告诉他，我们在这块地产见面，因为我想让他帮我出谋划策，就如何扩大公司规模给我建言献策，而且我想让他亲眼见到我投身的事业，这样的话他才能给我提出实质性的建议。我带他参观了房产，介绍了租户，介绍了该行业的竞争强度，考虑到了投资的胜算概率。三十分钟内，我们只参观了其中的一个工程，他便迫不及待地问我是否可以投资该项目！

我希望你可以把它视为销售行业的一条至上法则：无论你多么了解客户，都要认为买家不相信你说的话是理所应当的，他们只相信你让他们看到的实实在在的东西。

正如我刚才所说，销售员遭到质疑的原因千千万万，而你必须要知道造成这些不信任的因素到底是什么。人们屡见不鲜、脱口而出的原因便是，买家曾经做过捏造事实、夸大其词以及虚构情节的事情。你肯定会推测，在他生活中的某个时刻，他曾经犯下了这样的罪行，所以才会以小人之心度君子之腹。他们的过错或许至关重要，或者无关紧要，就像他跟父母撒谎自己不舒服，不想去上学一样。无论什么原因，买家都认为别人也会像他一样夸大其词，或者直截了当地撒谎,就因为他曾经这样做过。买家想当然地认为,他犯过这种错,人非圣贤,那你肯定也不会例外,即使你千真万确是清白无辜的!潜在客户不会考虑你有多诚实,也不会考虑你的信誉有多良好,他们只认为你肯定也做过他引以为耻的事情。不管你花费多少心思,尝试着让他相信事情真相,他这种质疑的思想和念头都是自己信以为真,根深蒂固,别人无法改变的。

当之前的销售员致使潜在客户上当受骗的时候,或者在销售员介绍的内容与承诺的好处之间有误解的时候,不信任因素就会增多。人们心中总是会产生误解,而这种误解就能导致不信任的因素产生。我想让你通过简单的实验来证明我的观点:写下发生在你身上的一个小故事,并把这则故事读给一个人听。然后让这位听众口头转达给另一个人。以此类推,直到把这个故事讲给五个人听为止。然后让最后一个人回过头来向你转述他听到的故事,最后将他口头转述的跟你书面写下的做一比较。我向你保证,故事肯定已经面目全非了。并不是因为谎言改变了故事内容,而是因为人们的误解和不正确的转述使故事变了味儿。如果你将故事以书面形式在听众之间传阅,那出现误解的概率将会大大降低。

如何应对买方的质疑

处理买方不信任的法则就是要始终使用书面材料,并将它们展示给买家,以此支持你的陈述和提案。当你为客户记录事实时,最好使用支持你所说内容的第三方材料。切记,人们都坚信,眼见为实,耳听为虚。

记住,对于你所说的话语、提供的产品、提议的方案、承诺的功效、暗示的含义以及建议的想法,一定都要用笔写下来,一定,一定每次都写下来。任何你将要完成交易的时候,一定坚持把交易的相关内容落实到纸上。

我见过很多销售人员,他们遇到签订合同、处理买家订单和消费者签名时，往往绕道而行，避而远之！原因何在？因为他们错误地认为一支钢笔或一份合同也许会吓到客户。这简直就是无稽之谈，而且毫无事实依据。

没有武器装备，你就不能参加军事活动，同样地，没有钢笔和合同，你就永远完不成交易！你没必要躲躲藏藏。你既不是隐踪密探，也不是偷偷摸摸的罪犯。你是一名专业的销售员，潜在客户购买产品时，你会为他们提供极具实用价值的东西。

当展示你的产品时，请将产品的优点记录下来，或出示纸质材料给潜在客户了解。如果你想告诉客户自己的产品将会如何改善他们的生意，那你需要用数据和成功案例说话，以此证明你的观点是正确的。我以前会随身携带一本证据手册，用来表明我所说的内容全部属实，还用来展示之前的客户证言。客户喜欢看到你万事俱备，喜欢看到你对自己的产品如痴如狂。

当你向潜在客户表明竞争对手的所作所为时，一定要用书面材料做证据。当你得知自己的价格最划算、产品最优质、服务最周到时，一定要用文档备份。如果你做的这些都非常令人满意，那你一定会赢得客户的信任，潜在客户便不再需要查找商品信息、再三考虑、探讨研究，或者与他人交流意见，与此同时，达成交易的可能性也会大大提高。

你很难相信人们对书面文字赋予了多么不同寻常的重要意义。而且，你也会经常引用到它。每天，人们都会引用在报纸上阅读到的理论，但他们从不会亲自探索这些理论是否属实。人们想当然地认为，这些文字既然都被印刷出来了，那它肯定是正确无误的！人们在学校里阅读各种各样的书籍，然后余生都始终相信书中道理是正确的。20年前出版的一本书，第一行便写道"生活不易"。后来这本书十分畅销，当生活一团糟的时候，每个人都会以此来勉励自己，重拾信心、继续生活。但于我而言，这句话当然不正确，并且我也没有把它当作激励我好好生活的座右铭。仅仅因为它是书面形式的，所以人们才会推断它正确可靠，然后奉为真理。

报纸让那些虚假事实世代流传，历史书籍错误百出，意见不一，报道虚假，议程有误，甚至还出现了弥天大谎。因为一些最著名的书籍都写于事件发生很多年以后，以及主人公去世很久以后。然而，如果它是书面形式的，人们往往就会相信它正确可靠！回想一下《甜心先生》（Jerry McGuire）这部电影，其中小古巴·戈丁（Cuba Gooding Jr.）扮演的角色一直对汤姆·克鲁斯（Tom Cruise）扮演的角色大声喊："让我赚大钱！"在此销售中，小古巴·戈丁是客户，他尖叫道："把数据展示给我看！"这就是重点所在之处：销售员要向潜在客户提供证据，使其完全信任该产品，然后他才会毫不犹豫地购买。

通过第三方、消费者指南、互联网以及其他渠道，客户在现代社会中获取的信息越来越丰富，所以潜在客户越来越依赖于用事实支持决策。既然买家趋向于继续依赖这些资源，那你也需要利用同样的资源来支持自己的事业，并帮助买家做出正确决定。

无论何时展示产品信息、业绩报告、事实依据、历史数据、比较信息、价格数据、方法提案等等，请记住：一条重要的规则就是，空口无凭，行动证明。汽车行业因为不想向潜在客户提供信息而变得臭名昭著，这种过失导致该行业虽然成交额高，但忠诚度低，广告费用高，利润下降。出现这一现象的原因是：该行业销售人员认为顾客知道得越少，他们可赚取的利润就越多。但恰恰相反，汽车行业中，让客户了解事实真相才是最行之有效的方法。买家知道得越多，他们就会越相信你介绍的产品信息，然后购买你产品的概率就越大。如果你向顾客提供书面信息，你会发现这对销售而言简直就是如虎添翼，如此一来，你不仅会赚更多的钱，而且还会让客户更满意。

作为一名销售人员，较之于无知的买家，我更喜欢知情的买家，因为知情的买家可以做出合理的决定，我们也能理性地与其沟通，而无知的买家不仅不能向你提出实际性的建议，往往还会情绪化。当缺失事实、数据和逻辑时，人们就会变得情绪化，一旦他们情绪化，所作所为往往会不合逻辑。带着情绪推销也无可厚非，但你想要的是依靠逻辑思维、数据分析和事实依据来完成交易。将产品推销给知情的专业买家比推销给无知的买家容易得多。对产品不知情的买家，报价往往都不切实际。而这就是情感报价，并非逻辑报价。在交易中，我需要的是逻辑与事实，而不是情感。所以，为了保持人们的逻辑思维，我往往会向他们提供他们信得过的可靠验证信息。

交易中使用书面信息和视觉信息的小贴士

不要空口无凭地推销，使用文件信息最有效。

谈判拒绝单一言语，喜爱书面信息。

若是期待达成交易，买家订单胜过言语相劝。

口头承诺无凭证，书面保证最优等。

大量数据我不怕，数据充足惠大家。

信息也要与时俱进。

书面信息精心准备，查阅资料轻而易举。

尽可能多地使用第三方数据。

能够实时访问的数据越多越好，实时数据优于准备数据。

只要可能，尽量使用电脑生成的数据。

保持网络连接顺畅，这样你就可以当着客户的面将数据调出来，他才会相信此数据没有被人为设计或操纵过。

当你在场时，要让买家轻松检查研究，不要等到你不在场时（例如在客户家中或客户办公室中）客户再检查研究。如果买家想要查找自己的信息或探索研究，一定要鼓励他们这样做。

关于改善销售流程的问题，我咨询过成千上万的公司，我经常鼓励企业、管理层和销售人员要将所有竞争力强的广告展示在他们的办公室里，这样的话，买家不必非得走出去才能了解其他竞争对手提供的产品；相反，他们足不出户即可对产品信息了如指掌。

帮助买家以获取信任

人们想要信任你，但前提是，你必须帮助他们。如果你有优质的产品、贴心的服务，那么你就需要依靠书面信息竭尽所能地说服客户。单靠语言说服，他们不会特别信任你。但当他亲眼看到的信息跟你所说内容一致时，除了相信你之外就别无选择了。

我参与过一项销售我名下144个单元公寓楼的项目，现场管理人员在出售单元楼时遇到了难题。我便决定亲自去参观这座大楼，看看问题到底出在哪里。我走进办公室后，要求他们把我当成潜在客户，走一遍销售流程。我发现他们根本就没有客户登记的地方，而且根本看不到价格表，因为价格表被搁置在另一间办公室内。他们无法提供给我贷款和融资利率，也没有数据向我解释该产品能够提供的服务。更没有相关的房产价格对比信息，也没有任何可以掩盖当地报纸报道的邻里不和睦丑闻的措施。

之后我解雇了这些项目经理，安排了一批无工作经验但激情洋溢的工作人员，并且确保他们把一切都管理得井井有条，销售团队和潜在客户随时随地可以查看任何信息。三个月的时间里，我们卖掉了30个单元楼。这种销售业绩是之前老员工一年销售业绩的三倍。

少数罪犯的所作所为和出于善意销售人员的无所作为致使一些人不信任销售行业，因为这些销售员不了解销售行业中的基本规则：客户一直坚信，眼见为实，耳听为虚。所以，如果想要促成交易，一定要用证据证明，而不能空口无凭！

第十章：问题

列举作者提到的人们不信任销售员的三个原因。

1. _____
2. _____
3. _____

处理客户质疑销售员的问题，是谁的责任？

当潜在客户不完全信任销售员或质疑其产品介绍时，他会给此销售周期增加什么？

举个例子阐述一下自己因为不信任销售员或质疑其产品展示，而拖延决定时间的经历。

销售人员最有价值的资产之一是什么？

作者认为，人们坚信眼见为实、耳听为虚。请解释其中的原因。

按照作者的观点，建立信任的四种方式是什么？

1. _____
2. _____
3. _____
4. _____

第十一章　优质服务会让你得到更多

给予的魔力

销售是不断给予，而非一味索取的过程。然而不幸的是，大多数销售人员最关心的却是怎样赚取更多佣金，交易达成后会得到多少利润。他们并不在意怎样为消费者提供优质全面的服务，也不在乎他们的产品是否真的实用以及顾客是否会因此受益。老话说得好：我们要懂得给予而非一味索取。在销售领域，有所收获的前提一定是懂得给予。

我认为销售的目的绝非只是为了达成交易，最重要的是真心为消费者着想，为其提供实质性的帮助。我坚信那些能设身处地为顾客着想的销售人员一定比那些眼里只有利益的同行出色百倍！

我始终认为，生活中如果一个人懂得给予，一定会得到相应的馈赠。而且，事实证明的确如此。销售就如同生活，懂得给予才会有所收获。这并不意味着让你把产品的价格降到最低，甚至免费赠送。我说的"给予"指的是给客户足够多的关注，精神饱满地认真对待每一位客户，为他们提供最优质的服务。

给顾客提供实质性的建议是达成交易的重要保证。如果客户想再参观其他产品，体验其他服务，你应该主动提供多种产品或服务供顾客选择。曾经，我就遵循这条法则做成了一笔买卖，成功售出一款软件程序——Epencil。这笔订单签订之前，我为顾客详细介绍了诸多与之相似的产品，供他们选择。几年来，这款程序在汽车行业的销量始终遥遥领先，那是因为这些销售人员明白必须为顾客提供最全面、最有价值的信息，推荐多种类似产品供顾客参考。给顾客介绍产品时，我会主动提供该产品的付款方式、包装要求以及价格等相关信息。这样，顾客会感觉自己在享受服务，而非被迫接受冷漠的推销。懂得给予，定会给你带来诸多益处；懂得给予，销量也会随之上升；懂得给予，便会获得客户的认可和满足。我们要时刻谨记：服务至上，销量次之；给予至上，收获次之。

如果有人口渴了，我会立即为他拿来一些饮品、一个水杯，打开瓶盖、放上冰块并附赠一张纸巾。这就是我说的给予。我不会问他是否需要水杯或冰块——我只管提供这些东西，至于他要怎么处理全凭自己决定。如果我是一名服务员，我不会问顾客晚餐后是否需要甜点。我会直接把甜品端过去，向顾客详细介绍每一道甜点的特色。最后，向顾客推荐我最喜欢的甜品，并等待顾客的指示。我的服务细致入微，顾客根本感觉不到我是在推销甜点。

以前朋友给我讲过一个故事，该故事的主人公淋漓尽致地展现了甘于奉献的精神。有一天晚上在新奥尔良，她和丈夫刚就完餐，打算离开餐馆。当他们走到街上时，一位衣衫褴褛的男子向他们走来，想为这位妻子唱一首小夜曲，希望她的丈夫应允。最终，虽然她的丈夫不情愿，但还是答应了那位男子的请求。于是，那名男子跪在她的面前，开始唱歌。这位妻子说，那名男子的歌声十分嘹亮、激情昂扬且极具穿透力，如此美妙的歌声真的让人难以置信。而他几乎是用生命在歌唱，全神贯注地足足唱了两分钟，歌声真切感人。演唱结束后，她的丈夫给了那名男子一百美元。收下这一百美元，他激动万分、满含泪水地感谢这对夫妻。然后沿街跑向一辆破旧的车里，原来他的妻子和孩子都在那里满心期待地等他回家。那名男子唯一能做的就是唱歌，他也明白那天晚上如果不能主动出击、把握机会，家人就得挨饿。我朋友的丈夫是一名职业推销员，他说那名男子的歌声倾注了真情实感，令人印象深刻，以至于他觉得区区一百美元根本不足以配得上那名男子优美的歌声。那名男子倾尽全力用心歌唱，他并不知道这对夫妇会给他这么多小费。不管怎么说，至少在这短短的两分钟内，那名男子只为这对夫妇歌唱。

必须全身心地对待每一位客户。向顾客推销时，要集中精力、全神贯注，真心实意为顾客着想，为他们提供实质性的建议！要洞悉客户需求，提供周到贴心的服务。始终与客户保持高度一致，不仅要满足他们的要求，还应该把事情办得完美，甚至超出顾客的期望。一心一意地对待每位顾客，毫无保留地把自己交给顾客。

作为消费者，我不想追着工作人员问东问西，而是希望有人主动为我介绍相关产品。我希望有人能感知我的需求，并按照我的要求提供优质服务。我希望有人提供真诚的建议，帮助我做出明智的决定。

这表明，他能顾及我的感受，为我着想。同时，这使我感觉他真心希望能达到并超越我的期望。这样的话，买卖双方的交易自然就达成了。

爱你的每一位顾客

一定要自始至终关注你的客户，让每位客户知道你很重视他们。给予他们足够的关怀，让他们感到自己备受关注、举足轻重。如果你能做到这一点，定会有所收获。就如同你同时追赶两只兔子，定会竹篮打水一场空。你必须全心全意地对待每一位客户，洽谈期间拒绝一切干扰。至于你的电话或电子邮件，都要等到一切结束时再做处理。

一旦有机会与顾客沟通，绝不能表现得三心二意，心不在焉。让顾客知道你并没有忽视他们。真心对待身边的每一位顾客，让他们感受到你的诚意。不管你是否因为顾客接电话被临时打断，都要时刻注意顾客的感受，绝不能忽视他们。很多时候，人们经常找不到存在感；因此，千万不要让你的客户觉得自己被忽视。一定要顾及他们的感受，不可有任何怠慢！必须全程陪伴顾客左右，尽心尽力地服务直到交易达成。

不管有几分胜算，一旦下定决心，就要全力以赴促成交易。一定要记住：人比钱重要；顾及人们的感受，一定会有收获。

在销售过程中，你必须竭诚为顾客服务，而不仅仅是为了增加销量。一个企业，为了生存和繁荣，必须以人为本，为人民服务，而不是把产品卖出去就万事大吉了。也就是说，我们必须关注客户需求，满足甚至超越他们的期望。那些滔滔不绝、能说会道的销售人员并不是最出色的，而那些以服务顾客为宗旨的销售人员往往备受欢迎、功绩卓著。真正专业的销售员都会想方设法改善人们的生活。

度假酒店还是丽思·卡尔顿酒店

作为一名销售人员，你认为自己提供的服务水平相当于假日酒店还是丽思·卡尔顿酒店？客观地评价自己，就会对现在的销售业绩形成正确的认知。如果大多数客户都在价格上软磨硬泡，则说明你的服务水平有待提高；否则，他们不会一直在价格上斤斤计较，因为顾客更在乎的往往是你提供的服务。

有一次，我有1700套公寓待售。不得不说，想得到这个机会的房地产经纪人排了好几条街。但是我没有选择他们，因为我并不认为他们能提供令我满意的服务。我把这件事交给了值得我信任的房产经纪人，即便支付的钱是其他机构的两倍。我选择他是因为我相信他能给我提供中肯的建议和优质的服务。

我十分信赖他，就算需要支付额外费用也心甘情愿。为什么呢？因为和大多数人一样，我在乎的不是这个买卖是否最划算，而是是否会有竭诚尽心的服务、质量上乘的产品和优秀专业的代理人。我想确信以后无论发生什么事，你都会支持我。我在乎的是一旦遇到不必要的冲突和麻烦，这个代理人能及时应对，妥善处理。

销售的本质是为了服务他人，而不仅仅是为了销量。如果你乐意帮助别人并且愿意采纳我之前的建议，你一定会成为出色的销售人员。我遇到过许多销售人员，他们本来可以变得十分优秀，却听信了别人的谣言靠投机取巧、坑骗顾客为生。其实，你完全不需要靠坑骗顾客维持生计。达成交易之前，你必须愿意服务和帮助顾客。在销售过程中，你的服务态度越诚恳，交易越容易达成。相信我，不管你的服务有多周到，依旧要时刻顾及客户的感受，随时询问他们："顾客，你想用现金、支票还是信用卡支付呢？"

提供优质服务是获取更多利润和减少摩擦的唯一途径。如果一名销售员与顾客在价格上争论不休，那么这位销售人员肯定不会认同我的观点。在这些销售人员看来，价格是一切问题的根源。实际上，价格从始至终都不是决定因素，提供优质服务才是解决问题的关键。仅仅提供质量上乘的产品也不能从根本上解决问题，因为迟早会有人研发出类似或更好的产品供顾客选择，这些产品通常更加质优价廉、经济划算。

如果顾客对你的服务态度非常满意，在这里购物感到十分舒心便利，就算需要支付额外费用他们也毫无怨言。试着为客户提供细致周到、无可挑剔的服务，这样你便能脱颖而出。主动向客户介绍产品而不是等着客户找你，这就是一种负责任的服务态度；为顾客提供多种选择也是为顾客服务的一种表现。送小礼物、送鲜花、亲手书写感谢卡片，或者只是顺便说声"你好"也是优秀服务态度的表现。对待客户面带微笑、态度亲和，全程耐心陪伴顾客也堪称一种专业的服务态度。单纯的价格低并没有什么实际意义。价格低换来的是什么？价格低，服务水平肯定差。我可以在假日酒店租一个房间，其价格不及丽思酒店的零头。那么节省这400美元，有什么好处？贪图便宜的后果只会换来不完善的服务，以及"冷漠"的态度。500美元一间房和80美元一间房的最大区别就是服务水平有天壤之别。

不费吹灰之力，你就能找到价格高、服务好的公司。有些人鼓吹自己支付了额外的钱才能与他们合作，其实这完全没必要。看看蒂凡尼、丽思、四季酒店和美国运通百夫长等高端酒店，你就明白了。这里有高端美容店，理发的价格为700美元，但他们绝不仅仅提供理发服务——还包括其他大量的优质服务。

销售人员也是一样，必须着力提高服务水平。如果你的服务让顾客心满意足、赞不绝口，他们绝不会再跟你讨价还价。为了确保你的客户满意，你愿意在多大程度上做出让步？

曾经，我作为一名销售人员参加过一个研讨会，演讲者说销售人员不应该打电话询问客户产品的使用状况，因为这会带来一系列麻烦。当时，听众都纷纷点头表示认同，而我却不这么认为。如果我的客户有问题，我想及时得到回馈。这样，才能妥善处理问题。如果顾客愿意向我反映问题，对我而言应该是提升自身的机会。这样，我才有机会改进产品，继续销售。这不是服务的问题，而是客户的问题，并且我甘愿为他们解决一切麻烦。

小技巧：解决问题＝再次销售的机会

服务远比销量重要

如果服务态度恶劣，再华丽的广告、再强硬的公关都无济于事。我和妻子每隔两年就要去买一次新衣服。有一次，我们决定去附近的一家大百货商店逛逛。据说这家商场十分注重服务水平，致力于使每位顾客满意。然而，在这家商店逛了将近二十分钟左右，居然没有一位工作人员向我们打招呼，甚至连句"你好"都没有，简直令人难以置信！我们两个是真心实意来购物的，却没有一个人愿意帮助我们，甚至无视我们。这些工作人员到底在想什么？我十分愤怒地走出商店，发誓再也不去那里买东西了。我不想在这个商店多待一秒钟。在这家商场偷东西都轻而易举。当我回到家，打开邮件，你猜我看到了什么？这家百货公司竟然邀请我参加商店的大甩卖活动！

时刻谨记：服务远比销量重要。我认识一个销售人员，也是我的朋友——加文·波特（Gavin Potter），他总能给顾客提供周到优质的服务。他一直在试图说服我为他正在筹集资金的项目融资。我把加文当作朋友，而不仅是一个推销员，因为他能为我提供无可比拟的服务。他是一名成绩卓著的销售员，但除此之外，他还致力于提供高水平的服务，并完全热衷于自己的事业。一旦下定决心，他就会全力以赴。另外，他始终追求较高的服务水平，因为这些才使他与众不同，业绩可圈可点。加文有两样法宝：贴心的服务和明确的目标。我敢保证如果分析加文的销售业绩，一定会发现服务水平每提高一个层次，销售额也会随之上升。加文深知服务远比销量重要，这也是他在销售领域独占鳌头的原因。

如果认真分析这些案例，总结其中的规律，那就是：为顾客提供一流的服务。我可以保证，终有一日你会成为销售专家。你一定可以信心倍增，这远比金钱更有价值。一旦你成功了，就可以按照自己的心意开价，去任何想去的地方，选择自己心仪的工作伙伴，按照自己的喜好选择销售产品，使自己和家人过上所有人都梦寐以求的生活。此外，你的生活几乎没有任何压力、烦恼和麻烦，这种生活是所有人都羡慕不已的。所以，一定要学会给予，为顾客提供最优质的服务！

第十一章：问题

本章作者提到："销售是给予，不是索取；注重服务，而非销量。"请用自己的话谈谈对这句话的理解。

除了提供产品、服务或是最低的价格之外，你还能做什么？（举出四个例子）

1. _____
2. _____
3. _____
4. _____

举例说明，你是如何给予他人帮助而不耗费自己的一分一毫？（举出四个实例）

1. _____
2. _____
3. _____
4. _____

本章作者谈到，销售人员应该一心一意对待客户，谈谈你对这句话的理解。

你应该怎样提高自己的服务水平，才能被评为丽思·卡尔顿级别的服务。

1. _____
2. _____
3. _____
4. _____

获取更多利润、减少与顾客之间摩擦的唯一途径是什么？

第十二章　坚持：用你的毅力打动客户

坚持推销

　　据说你至少要向某人询问五次，才能得到肯定的回复。这种观点是否正确还有待验证，但我知道如果对客户不闻不问，大多数人都不会购买你的产品，而且如果销售员爱答不理，客户注定无法给你想要的答案。一直以来，我的经验都是，销售员对顾客置若罔闻的那一刻便是交易失败之时。

　　而且，自身经验还告诉我，如果你半途而废，不耐心询问，也不心甘情愿"坚持推销"，大多数情况很难达成交易。我并非在说要给买家施压，我的意思是，在交易中，虽然身处尴尬的境地，也要从容应对，尽管这种情境下每个人心里都会感觉有点不舒服。但销售员必须愿意继续这场交易，坚持到底，因为他内心深处认为这个产品或本次服务绝对是买家的不二之选。即使氛围再尴尬，情况再艰难，心里再不舒服，销售员也要坚定不移。这就是"坚持推销"的含义。

　　买家曾告诉过我："格兰特，你在给我施加压力。"对于这点，我向他解释："先生，你把我对工作的信念、激情与压力混为一谈了，我是真的认为这款产品非常适合你和你的公司。请不要把我的热情误解为压力。现在，我们言归正传吧。"

当你达到"坚持推销"的境界时，你会十分确信自己的公司或产品对客户而言是唯一的选择，其他的任何选择都会黯然失色。身处"坚持推销"的位置时，你坚信自己的服务优于其他任何人的服务，最终你会成为客户的唯一选择，你之所以一直坚持，是因为心中有这样的信仰。正因为你深信不疑，所以即使心里不舒服，即使客户局促不安、乱找借口、百般刁难，你也愿意继续这场交易。

我见过的最优秀的销售员之一是一位叫作查麦琪的女士。她是一名全职的募捐者，也是为自己工作的贸易专家。她并没有销售有形产品，而是在为全世界需要帮助的人们筹集善款。一天晚上她打电话想要约我。我同意了，但明确表示，我不会再做任何贡献，因为我已经完成了今年的捐款数额。她回复我："好的，没问题，我只是想过来看看你，和朋友小聚一下。"她过来之后我们聊了一会儿，然后就让我考虑是否能多捐善款。我态度坚决地告诉她："不行！绝对不可以！没门！我之前已经告诉过你，我捐了今年应该捐出的所有善款。我已经完成了任务，查麦琪！"对于我的突然暴怒，她泰然自若，微笑地看着我说道："格兰特，听着，你反应如此强烈的唯一解释，就是你心知肚明自己做得还不够。"我简直不敢相信她竟然如此胆大包天，把我之前的话全盘否定，然后与我针锋相对！我最初的愤怒瞬间烟消云散后，脸上恢复了笑容，做了所有人被募捐者说服之后会做的事——我捐了更多善款。查麦琪任劳任怨，致力于自己的事业，这就是她成为专业募捐者的原因。当我对她大发雷霆，氛围变得无比尴尬时，她本可以表现得"识趣"一点，离开这个是非之地。但她没有这样做，并且坚持留下来，完成了此项交易。当潜在客户变得狂躁不安的时候，一般的销售人员干脆拍拍屁股走人，而专业的销售人员却泰然自若，坦然面对各种难题。这就是二者的区别。

如果你不坚信自己的产品会以某种方式给买家带来更多享受、更多利益，或者比他在银行的存款还安全的话，你就永远不会成为一名出类拔萃的销售员，也不会完全理解"坚持推销"的含义。如果你真的相信这些，并且去学习如何达成交易，有一天你终将会明白坚持销售的真正含义：这的确是一门艺术！

坚持推销的方法

只有两件事情可以让你成为真正的专业、抗压能力强的销售员：

1. 你必须相信，你所提供的产品是潜在客户的最佳选择。
2. 你必须接受培训，能够做到不管遇到什么状况，都能坚持促成交易。你需要身怀十八般武艺来应对客户的诡计多端、情绪反应以及无情拒绝。

我的培训课程会教授你一些坚持推销的诀窍，这对你的销售职业生涯至关重要。如有意向，请访问此网站：www.GrantCardone.com，或致电 800 - 368 - 5771。

销售如同食谱

不争的事实是，你必须知道哪种场合该说什么，而且别人听起来一定要自然顺畅。意思是，该说的话必须要死记硬背吗？或者面对一些特定情境会不会有专门的应对策略呢？当然如此！销售其实就像食谱一样。它需要将固定的配料按照固定的顺序放入固定温度的烤箱中烘焙固定的时间。完全按照食谱来做，你定会如愿以偿；但如果改变了其中任何一个部分，结果定会不如你意。你之前被客户拒绝的次数越多，以后在与客户沟通时就越顺畅自然。就像祖母一样，熟练之后，根本不用看食谱就能做好软糖。多年来，因为她反反复复做了很多次，所以不再需要阅读配料表了。她把每个步骤都熟记于心——而且每次软糖都能完美亮相。处理异议与达成交易其实也如此。你应该学习如何与客户有效沟通以及如何处理某些情况，相信我，肯定没错。

如果你要面向世界举行记者招待会，你一定会反复练习要讲的话。在走出去面向大众之前，你会考虑听众对于此次演讲的感受以及它可能产生的效果。要想成为一名专业的抗压能力强的销售员，你也必须这么做。

你需要反复练习如何处理客户异议，以及客户提出的各种难题，这样你才能穿过重重阻力，最终明智地继续交易。我数年如一日地反复练习这项技能。每天早上我会与另一名销售员搭档练习我们今天可能需要面对的种种情况。这项训练使我在销售过程中攻无不克，战无不胜。身为销售员，如果你无法促成交易，那就是一个失败者。

我在很多不同的行业都尝试过这个方法，意外地发现，被客户拒绝的理由其实大同小异，从一个行业到另一个行业的交易技巧也相差无几。如果你因为才尽词穷而不能坚持到底、继续交易，那你永远达不到坚持销售的水平！如果你学不会如何坚持销售，那你永远不会在销售之路上登峰造极。

我之前就提议过，你应该想出如何处理各种情况的方法。我不希望看到你遇到突发状况时，惊慌失色、瞠目结舌或临阵脱逃到某个小角落去制订解决方案。我也不想让你回家后懊悔不已，后悔自己其实本可以有所作为——这些都是业余爱好者的表现。要想成为一名专业人士并获得专业效果，你就必须知道在各种情况下自己该做什么以及该说什么。

为自己录像，寻找不足，完善技巧。我每天都会记录自己的表现，然后反复琢磨身体姿势、手部动作以及情绪反应可以如何改进。一天下来，我把听到的所有反对意见全都记了下来，第二天我会和另外一位同事合作练习处理这些问题，直到我满意为止。反复练习会增强自信。不管你是否意识到，其实你现在每天都在这样做，只不过大多数人用这种方法养了一身坏习惯，好习惯一个都没养成。

站立谈判导致失败，安稳平坐促成交易

我曾见过一些销售员在谈判环节直接站立起来，这是一个常见的错误。他们站在那里对产品价格、付款计划、项目规划、产品保证和可得利益等侃侃而谈，但在此过程中，他们只是滔滔不绝地讲话，而没有任何实际物品展示。如果他们没有完成交易，那也是情理之中，不足为奇。他们讲得过多，却没有任何东西为自己建立信誉。切记，买家一直坚信，眼见为实，耳听为虚！空口无凭和只说不做永远不会完成交易。在交易尚未达成之前，即使受到远程枪击的威胁，销售员也不会向他们妥协。

如果你站起来，交易将永远不会达成。要让客户平心静气地坐着，竭尽自己所能向他们展示信息。要用他们能看到的实实在在的东西去支持验证自己的观点。站立意味着起身离席，坐下才是真心为交易。所以首先想方设法让客户安稳坐下，然后才能与买家洽谈生意。"先生，请坐，接下来由我向你展示产品的信息。"切记，一定不要空口无凭，要用实际行动证明。当你提出建议的时候，要保证卖家平心静气地坐着，然后把与产品相关的事实跟数据写下来。口头告诉他这些就是浪费时间、浪费精力，并且几乎不会促成任何交易。所以让买家平心静气地坐着，然后向他展示你掌握的信息。为了达成交易，你还要时刻准备好进行坚持销售。

第十二章：问题

"向某人坚持销售"与强迫某人购买有何区别？

如果有人提出，你在向他们施加压力，最好的处理方法是什么？

为了达到坚持销售的境界，你必须坚信的两件事是什么？
1. _____
2. _____

坚持销售的方法是什么？
1. _____
2. _____

对于学习如何坚持销售，作者的三条建议是什么？
1. _____
2. _____
3. _____

第十三章　努力拼搏是销售的常态

竭尽全力，全力以赴

要想取得满意的成果，大多数人都低估了自己需要付出的努力程度。一旦需要采取行动，就不要计较自己付出了多少；我们应不遗余力，全力以赴。只要记住：全力以赴，定会有所收获；消极怠惰，终会一事无成。或许你认为完成一项任务需要稍微努力一下就能得偿所愿。但是若真想顺利完成这项任务，实则需要付出百倍努力，这样取得的成效才能不负众望。不要听信心理医生那些模棱两可的建议，比如，你需要"平衡"自己的生活，不要"给自己太多压力"和"人应该活在当下"等等。这些建议显然是说给那些甘于平庸，不思进取的人听的。像这样的建议，其实用价值仍然有待验证。就我而言，每完成一项艰巨的任务，我的成就感就会增强一点。如果整天无所事事，我反而会特别痛苦。如果你想取得巨大成果，通往成功之路，就必须立刻采取行动，并坚持不懈地付出努力。要想成功，必须迎难而上，根本没有任何捷径。

我喜欢有事可做，而且越多越好。我十分享受事情被我妥善处理之后的满足感。我敢打赌，你肯定也是如此。完成任务后，一种满足感便油然而生。当有事可做的时候，我非常开心。我宁愿在院子里劳作，也不想舒舒服服地躺在沙发上。

如果你想在生活中站稳脚，就必须立刻采取行动。如果你想旅行，就必须给车加满油，才能在高速公路上全速前进。如果你想盖一座房子，就必须和好混凝土。如果你想中彩票，首先你得舍得买彩票。也就是说，要想有所收获，必须先采取行动！如果你不肯努力，成功的概率便微乎其微。请你远离那些劝告你不要努力工作，建议你安逸享乐的人吧。因为你只有成功了，才可以稍微松一口气。但是在没成功之前，你必须倾尽全力、努力拼搏。

无论做什么事，我都会拼尽全力，直到努力拼搏成为我生活中的一种常态为止。难道我是工作狂吗？当然不是。我可以告诉你，现在我过着一种前所未有、心满意足的生活。如果一个人不付出巨大努力，你认为他会成功当选美国总统吗？若不是日日夜夜刻苦练习，你认为泰格·伍兹会成为世界上顶级的高尔夫球手吗？在高尔夫界，伍兹能把所有人都远远地甩在身后，之所以能够达到令人难以企及的高度，都是因为他不畏艰辛，无悔付出。要想在你的工作领域成为顶尖人物，必须不计个人得失，努力奋斗，百折不挠。

四类行动

你要记住：不管你多努力，其实仍然远远不够。凡事认真努力，总不会使你陷入麻烦。实际上，只有努力拼搏才能助你摆脱困境。只有你不够努力，甚至懈怠懒惰才会使你陷入困境。

据说行动分为三种类型：

1. 正确的行动
2. 错误的行动
3. 没有行动（通常导致一无所获）

但是在我看来，还有一种行动力：

4. 拼尽全力！

这也是我的生活态度。全力以赴的生活态度，是我取得成功的重要法宝。我之前取得的所有成就都归功于这种努力拼搏的精神。曾经有人问我，哪件事对我的影响最大？我说，对我影响最大的就是这种顽强拼搏的生活态度。即便有时候前途渺茫，我也会奋勇直前，为之付出巨大努力。如果我想贷款，我会不辞辛苦地跑好几家银行；入手一处地产时，我会货比三家，让几个公司同时竞标；举办宴会时，我会不断向亲朋好友发出邀请，亲自打电话确认，直到确保这次宴会能顺利举办。我不喜欢小型宴会，我比较享受许多人欢聚一堂、热闹非凡的宴会。曾经，我在家举办了一个宴会。那次宴会耗费了2500个一次性纸杯！在我看来，只有达到那种规模才是名副其实的宴会！来参加宴会的人，甚至近一半我都不认识。你有没有听过这样一句话"要么勇往直前，要么临阵脱逃"？我想把它改为"一定要奋战到底，切忌消极懈怠"！

全力以赴＝新问题产生

许多销售人员觉得给顾客打两三个电话，发两三封邮件就万事大吉了。然后他们就开始喝茶聊天，闲谈当地报纸上的新闻八卦。他们时不时地还会抱怨销售业绩没有丝毫起色，给顾客打那么多电话却得不到任何回应。

如果你看到我打电话的情景，就会明白为什么他们的方法没有任何成效。打电话的人才是促成交易的关键。我从来不会悠然自得地坐在那里打电话，绝对不会！每次我都会一遍遍地给客户打电话，得不到他们的回应，誓不罢休。

如果你想约会，就该立即采取行动，直到你的约会应接不暇，开始思考怎样合理安排这些约会为止。如果你采取的行动取得了一定成效，新的挑战也会随之而来。

举办研讨会的时候,我的目标之一是,座无虚席或观众无座可坐。但是,如果没有座位,那些花八百元来听讲座的观众一定很失望。这就出现了一个亟待解决的新问题。售票人员说,没有座位对那些观众也不公平。于是我说,"你只管负责尽力卖研讨会的票就可以了,争取使参会人员爆满,接下来的事情交给我处理就好。"永远不要瞻前顾后,怕犯错误,这样你不可能实现自己的梦想。付出艰辛的努力,结果便不会让你失望,但是如果无所事事,到最后一定会一事无成。

说到采取行动,一定要勇往直前,全力以赴。这是取得成功的重要保证。不要总是浅尝辄止,凡事都三天打鱼、两天晒网注定会一事无成。所以,无论做什么事都要竭尽全力,努力拼搏。

很年轻的时候,我就开始从事销售行业。当时,妻子说我不适合干这行(现在依旧如此)。但这并没有使我丧失斗志,我依然坚持努力拼搏。如果你不够完美,那么弥补缺陷的唯一方法就是不懈奋斗。当你足够努力的时候,你就会发现其实你不必做到尽善尽美。如果你的机会寥寥无几,那就肯定没机会在工作领域大展拳脚,更谈不上把工作做得完美无瑕。要记住你越努力,生意就越兴隆,工作就越出色。

如果你运气不佳,没能成为出色而专业的销售人员,那你仍需继续努力,以求更上一层楼。我之所以说"运气不佳"是因为我见过很多销售人员,他们经验丰富,也特别专业,对销售十分在行。但是他们总有一种莫名的优越感,于是就停止学习,墨守成规,不思进取。亲爱的,醒醒吧!要想实现目标、得偿所愿,你就必须付出不懈地努力,而不是整天沉浸在自己的幻想中。因为没有人在乎你说了什么,人们看重的往往是你做了什么。

有所收获使人兴奋快乐

大多数人生活中收获甚微的原因无非是不足够努力!工作会给人满足感。

不管你在做什么，只要有事可做，做一些有意义的事情就会很有成就感。下定决心做一些有价值的事情，你的生活一定会大放异彩。工作使人幸福，这一点适用于所有宗教、种族或文化背景下的人。有事情可做时，人们会感觉十分充实。做的事情越多，越有成就感。金钱可能不会给你带来快乐，但有所收获绝对会使人开心不已。用狄贝凯博士的话来说就是："人类生下来就是要努力工作的。"

在销售领域，增加销量的唯一办法就是不厌其烦，努力拼搏！如果你想得到某物，努力拼搏、不懈追求才可能实现这一目标。你需要面对的问题将不再是如何得到这个东西，而是怎样应对一系列新的问题。

不懈努力 = 新的挑战。直到做到这一点，才说明你足够努力了。

向池塘里扔一块石头，就会掀起一片涟漪。如果你不断地向水里扔石头，波纹就会越来越大。这时你一定会引起周围人的注意。

只有你足够努力，事情才会有转机，才有可能达到令自己满意的结果。在销售领域，不懈的努力就像通往天堂的阶梯，在那里，销售神会通过奖杯、旅游奖励或者涨薪以嘉奖你。然而，你的同事只会说，哎！你工作太辛苦，太累了，稍微放松放松吧！他们还会给你一些毫无价值的建议，比如："让生活节奏慢下来吧——闻一闻玫瑰的清香。"不要被这种夸赞冲昏头脑，你一定要有自知之明，朝自己的既定目标不断努力。要想使火越烧越旺，就得不断往里面加柴。销售也是如此，要想提高销售业绩，就必须付出巨大努力。

如果有人说你工作已经足够努力了，那么说这话的人往往没有恒心、不够努力。不幸的是，这种人已经错失了享受非凡生活的良机。他最多也就过着平淡无奇的生活，而且已经忘记了自己最初的梦想。努力拼搏直到有所收获，发现新的问题，你的销售业绩才会有所提升。在遇到需要解决的新问题之前不要放弃努力——比如税收、汽车、房子，以及去哪里度假。

10× 规则

如果想得到某个东西，你可能认为稍微努力一下就行了。但是若真的要得到它，实际却需要为之付出十倍的努力。如果你真的能做到这一点，就不必把希望寄托在运气上，日夜祈祷好运降临在自己身上！任何你想要的东西，只有通过不懈努力才有可能得到。

曾经，一个销售员跟我抱怨说他自己真是倒霉透顶。比如本来约好见面的客户爽约了，本来谈好的生意黄了，客户又要临时改订单等等。听他这么说，我告诉他出现这些问题并不是因为运气差，而是因为不足够努力。我提议如果能为之付出比之前多十倍的努力，那他根本不会有时间在这里怨天尤人。就算客户取消订单，你也会淡然处之，乐观面对。

如果你足够努力并有所收获，就算买家取消交易，也没什么大不了。实际上，有时候客户取消交易，你反而感到庆幸，因为这种经历会增强你为人处世的能力。但如果你压根儿没怎么努力，一旦丢掉一笔订单，你就会耿耿于怀，觉得自己时运不济，难以释怀。因为你总觉得自己一无所获而愤愤不平。其实你应该更加努力拼搏，这样才不会使自己变得被动。

努力拼搏，如痴如狂

一个同事亲眼见到我在三天内，给客户打了十五次电话，还是没收到任何音信。然后我反问自己，我真的拼尽全力了吗？其实并没有。对于自己下定决心的事情，应该做到不达目的誓不罢休。该努力的时候，千万不要给自己找理由偷懒。尽管全力以赴就好！努力拼搏，疯狂追求，直到目标实现。

农民种粮食远非够养活自己就行了，这样就算发生干旱或饥荒，他的家人和邻居也不至于青黄不接。一个想要拥有大量客户的房地产经纪人应该给数百人打过电话，电话接通的概率往往是百分之一。如果你需要约朋友或客户见面，就要提前电话预约。这样的话，他们就能合理安排行程，而不会去街上闲逛了。无论做什么事情都要充满热情，努力拼搏，直到这变成你的一种习惯，一种日常生活方式。一旦你成功了，人们就会对你的成就赞不绝口，而不是说你之前像个"疯子"一样。很快，预约、订单便会铺天盖地而来，成功也会接踵而至。

　　该努力的时候，就不要给自己找任何借口，而是应该毫无保留、拼尽全力。一旦你拼尽全力，就会像失去理智一样不达目的誓不罢休。只有这样，你才能达到别人难以企及的人生巅峰。努力拼搏的结果肯定会带来一系列新的问题，但是这些问题一旦被解决了，销量也会随之不断上升。

第十三章：问题

　　作者认为，为了实现某一目标，大多数人低估了自己需要付出的努力，谈谈你对此事的看法。

　　为了实现目标，你曾经是否低估了自己需要付出的努力？你低估了多少需要付出的努力？（请举例说明）

　　请说明四种行动分别是什么？

1. _____
2. _____
3. _____
4. _____

一个人努力拼搏后，会得到什么？

作者认为大多数人人生不圆满的原因是……（将这句话补充完整）

请说明什么是 10 × 法则?

第十四章　销售人员一定要与朋友保持联系

建立你的交际圈

销售员的目标往往首先锁定在素昧平生的人身上，反而忽视了跟他们朝夕相处的朋友。整个公司上上下下都在极力向陌生人做广告推销，向他们从未接触过的人推荐自家产品。他们甚至还不自量力地向对自己产品毫无兴趣的人推销。销售员耐心等待这些陌生人的回应，甚至还不厌其烦地跟他们电话沟通，却完全忽视了熟人的影响力。这是销售员在职业生涯中容易忽视的销售法则大忌之一。

每个人生活中都有自己无比熟悉的生活圈。通常情况下，这个朋友圈以家人和朋友为中心。几乎每个人都有自己的避风港，在这里他们能被人理解，内心舒适惬意，安全感倍增。生活中最简单的销售就是向那些已经认识你，并且十分信任、真心想帮助你的人做推销。每个人都会有自己的朋友圈或粉丝俱乐部。千万不要忽视它的价值，你要懂得物尽其用，发挥这个朋友圈的价值，并且像挖金子一样去慢慢挖掘这个不易被发现的无价之宝。

你的关系网中，肯定会有一些人，他们收到你的来信就会激动不已，迫不及待地想了解你的生活动态。在职业生涯中，如果你不想卷入这些人情世故，立竿见影的方法便是远离那些深爱你、对你了如指掌的人，忽视那些对你生活感兴趣的人。这些人太了解你了，所以没必要从头建立信任基础。

有个客户曾经从我手中购买过很多产品，后来我们私交甚好。一天我打电话告诉他："现在立马到我这里来，我有好东西给你看。"他问我怎么回事，然后我又重复了一遍："不需要问这么多，只要尽快来这里就好。"很快，他就赶到了我的办公室，我二话没说就拿出买方的订单让他签字。他一脸茫然地说："签字？我连自己在买什么东西都不知道呢。"我信誓旦旦地告诉他："不要担心，我怎么可能坑你呢，我保证你一定会迫不及待地想拥有它。"他签了订单之后，我便拿出产品让他看，果然不出所料，他对这件东西都爱不释手了！那次交易就是如此顺利。客户不在现场，我甚至不知道他是否有需要，便自作主张卖给了他，这也是我生活中不费吹灰之力就完成的交易之一。你也可以利用自己的朋友圈做类似的事情。将自己视为朋友圈中心人物，越靠近中心的人，交易就越容易达成。

如何建立你的朋友圈

你需要做的第一件事就是列出交际圈范围内的名单。这个朋友圈包括（但不仅限于此）朋友、家庭成员、之前工作中的同事、以前的雇主、新老客户、俱乐部成员、邻居、你所属组织的成员、教会成员，以及（不管你是否相信）那些人中并不喜欢你的人。

他们是谁？现在身处何地？你要如何才能与他们取得联系？见面应该说些什么？其实，你要说得很简单。你只需要告诉他自己的工作即可。首先列出名单，然后与之取得联系。让他们了解你目前的事业，考虑一下什么时间可以与他们见面。见面的目的绝对不是为了向他们推销；这些过程应该顺其自然。此行目的应该是与他们尽快取得联系，然后全身心地建立彼此间的信任基础。

如果你一开始想到了十个人，那你应该意识到这个数字定将上升为上百人。你认识的每个人，他们的朋友圈中至少有十个人会从你推销的产品或提供的服务中受益。如果你不相信这是事实，那我建议你返回去阅读这本书第五章的内容，并对自己的事业重拾信心。

你可以通过电话、写信、亲自拜访或电子邮件的方式，与这些人取得联系。如果可能的话，最好的方式是面对面交流，所以有必要顺便走访一下朋友，或者打电话约定共进午餐的时间。即使跟这些人好久不见也不要担心。忘记过去的一切。主动地与他们取得联系，创造自己的未来。销售员要对联系亲友兴趣倍增，然后挖掘自己的潜在客户。你要了解他们生活的方方面面——他们正在忙什么，工作是什么，家庭状况如何以及所有发生在他们身边的事情。逐渐恢复这些关系网。这件事成功后，让他们了解你目前的工作，并让他们看到你对工作的热情。你可以稍微谈起你想向他们展示的产品，但要记住过犹不及。你的主要目的仍是慢慢地恢复之前的交际圈。

向他们推销是强加于他们还是帮助他们？

人们都是真心实意地想帮助自己熟悉的人。收起所有的害羞内敛，毫无保留地迈步向前，与他们取得联系。一定不要有自己会把关系强加于他们身上的愚蠢想法。这种想法纯属无稽之谈，荒唐至极。如果你不能与他们取得联系，从而得到他们的帮助，那朋友和家人对你的生活还有什么益处呢？而且总会有人向他们推销产品——这个人为什么不能是你呢？事实是，他们打心眼儿里也是想帮你一把的。如果你爱自己的产品，并且完全信赖它，那就要足够爱自己身边的人，让他们知道你因这些产品受益匪浅。利用之前提到的技巧，做事全力以赴，拼尽全力。同样地，在恢复关系网的过程中亦是如此。尽可能多地联系关系网中的朋友，总会有人需要你的产品或服务。如果你仍然觉得这样有些强人所难，说明你在销售中确实出了问题，这时你需要不断反思，发现问题所在，再继续向前奋进。

从那里可以扩展你的名单列表。

假设我要推销服装，我有10个朋友，并且每个人都穿过我卖的这种衣服。这些人中每个人家里平均会有多于2.2个人。那产品的知名度，就会从最开始的10人扩大到了22个。

让这22个人了解你的事业是什么，你在卖什么东西，现在身居何处，以及如何才能联系到你。想办法得到他们的家庭住址，并把地址存到通讯名单中。收集他们的生日信息，如果你愿意，那就随机寄出生日贺卡。生日贺卡在错误的日期寄出去，是得到回应的一个小诀窍。大家都会打电话告诉你，你记错了他们的生日，这时你应该说："我知道日期不对，但我不知道你真正的生日是哪天，所以只是想碰碰运气，也许能猜对呢！"我向你保证，这种情况下，他们一定会回拨电话的。当联系朋友时，方法一定要有新意。一点想象力加上不懈的努力一定会让你在销售之路上大获全胜。永远不要担心会犯错。其实你会犯的唯一一种错误就是故步自封，不想与别人打交道。

让这22个人帮你认识他们熟悉的朋友，这样你就可以开始建立名单列表了。从里到外不断扩展，看看这个关系网到底能扩展多大。

当建立名单时，你会惊讶地发现自己其实已经淡忘了这么多人。不要担心，只管勇往向前与他们取得联系即可！他们收到老朋友的来信会非常高兴，并且会很乐意帮助你。

我曾经联系到了一位高中同学，当时我们两个经常打架斗殴。我打电话告诉他，即使20年过去了，我还会经常想到他，想到过去我们为一些鸡毛蒜皮的小事争得面红耳赤，真是可笑至极。不久之后，他来到我的办公室，从我手中购买了一些产品。我可以告诉你，根据经验来讲，将产品成功卖给过去跟你有隔阂的人，比卖给素昧平生的人容易得多。所以，不要忽视那些老朋友的力量。要充分发挥它的价值！

如果你不想这么做，但是像我这样的人肯定会建立自己的关系网。我们都曾有这样的经历，某天偶遇了一位老朋友，他拥有我们代言的产品，但却是从竞争对手手中购买的。竞争对手对潜在客户先下手为强，只是因为你没有及时联系这些老朋友而让自己错失良机。

销售中最糟糕的事情莫过于失去了一位潜在客户，现在又要想着寻找并发展下一位客户！新的客户现在变成了你的新目标。你在任何地方询问任何一位销售员这样一个问题："你愿意向未曾谋面的人推销，还是愿意向曾经有过合作基础的人推销？"如果你在一百万个销售员中调查此问题，所有人都会回复你，他们愿意向曾经成功达成交易的人推销。原因何在？因为他们曾经成功说服过这位顾客，所以向他们再次推销就会容易得多。他们之间存在友情、信任以及成功的合作经历。这时就是你的朋友圈发挥巨大作用的时候。利用这些关系来扩大自己的朋友圈，然后时时刻刻与这些人保持联系。

向简单的销售投资

向现有客户推销最容易促成交易，我总会出其不意，给顾客惊喜。我知道什么会让他们万分激动；怎样建立感情基础；如何取得他们的信任；怎样让他们对我、对公司、对我展示的产品都了解得一清二楚！即使现有客户有什么怨言或出现什么问题，不要慌张，这对你而言，是将抱怨或问题转化成另一笔订单的绝佳机会。

我在办公室制定了一项政策，一旦客户有任何投诉，要立即上报给我，交给我亲自处理。我为什么非得亲自处理这种事情呢？因为我知道只有将这些怨言妥善处理之后，才能重新争取到最易被人们忽视的机会，才能拿到额外的订单。请记住，问题即是机遇！将问题解决掉，你会获得更好的客户。

与老客户更容易达成交易的另一个原因，是因为当他们面对曾经有过合作基础的人时，更容易做出决定。人类都会受到习惯的影响。我在做销售研讨会时，99%的参会者会选择坐在熟人旁边。原因何在？是因为熟悉感会带给他们舒适感。

创造人际关系

大多数销售员都不会好好把握并充分利用与朋友的熟悉关系。我很愿意跟熟人做生意。我希望你对我的喜好、我的愿望以及我喜欢的谈话方式了如指掌。我希望你已经非常了解我想说什么、做什么以及我喜欢的服务态度。我喜欢我们曾经有过合作经历。但我想知道，销售员是否也有同样的感受；毕竟，销售员在把东西推销给我之后，就几乎再没打过电话。

难道你不认为我会再另外购进一件西装、一台电脑、一部手机、一台电视、一座房子、一个家电、一辆汽车、一处房产，或做另外的投资吗？仅仅因为我曾跟你完成过一次交易，你就断定我不会再买东西了？你认为我是花光了钱，还是认为我肯定不会再购买类似产品？或者你觉得，仅仅是购买你的产品，我的信用卡已经透支了吗？永远记住，你与客户合作的机会绝不是仅限这一次。问题是，你能争取到再次合作的机会吗？我敢保证，如果你不与这些朋友（包括你之前的客户）保持联系，你在自己的事业中就永远不会获得权力基础。所以，永远不要忽视自己的老客户！

如果你想保证在销售工作中的确定性，并确保自己在销售生涯中事业风生水起，家庭幸福美满，请你一定要与关系网中的朋友保持联系。你要爱他们，时常电话问候他们，请他们喝酒吃饭，给他们送礼物，并且一如既往地关心他们。

我在朋友那里第一次购买了用来投资的房地产。在与我共事几个月后，他的导师跟他说，我不可能再从他那里买东西了，没有必要在我身上再浪费时间了。恰恰相反，我又从朋友那里先是购买了 48 套单元房，第二个月又买了 38 套。这位导师的"金玉良言"就这么多。但故事并未到此为止。这个家伙后来成了我的合伙人，为了管理我从他手中购买的房产，他放弃了自己正在效劳的公司。他认为我在第一次购买了两处房产后，就已经完成了目标，因此认为我不会购买更多房产。我打电话告诉他正在寻求更多的交易，他不相信我能出高价，并且悲观地认为我不会购买更多的房产。我和新伙伴因为沮丧而到处闲逛时，我多年的知己——戴尔恰好出现在我办公室中。戴尔问我，如果他为我找到了一些房源，我能否给他像之前那个合作伙伴一样的待遇。我告诉他当然可以，不久之后我便跟他一起工作。接下来的两年内，我又另外购买了 400 套单元房，后来又额外入手了 1500 套。

我的第一位合作伙伴是一个出色的小伙子，他的确不错，但他没有充分利用自己的交际人脉，没有经营好这个关系网。我的故知戴尔通过与老朋友保持紧密联系，充分利用这个关系，在交易中赚取了数百万的利润。顺便说一句，戴尔在房地产行业中一点经验都没有，但第一个合作伙伴却经验丰富。我跟戴尔做搭档一起共事的时候，他身无分文——52 岁的时候名下的财产还不到 60 美元，但今天他成了一位百万富翁。这是一个真实的故事。戴尔发现扩展人脉至关重要，并牢牢地把握住了这次机会，所以才取得了今天辉煌的成就。这个故事的道理就是要告诉我们，销售员一定要与朋友保持联系。

对于你成功推销过的客户，与你接下来想发展的客户，要一视同仁，千万不能厚此薄彼。不断巩固、发展壮大自己的社交圈。

第十四章：问题

在试图推销自己的想法或产品时，按照作者的观点，人们最容易忽视的销售法则大忌之一是什么？

列出与你关系十分亲近的十个人。

1. _____
2. _____
3. _____
4. _____
5. _____
6. _____
7. _____
8. _____
9. _____
10. _____

销售中最糟糕的事情是什么？

对于达成额外交易来讲，最易被忽视的机遇是什么？

按照作者的观点，老客户比素昧平生的陌生人更容易达成交易的五个原因是什么？

1. _____
2. _____
3. _____
4. _____
5. _____

第十五章 做时间的主人，提高时间利用率

你有多少时间？

世界上最能干的人一天 24 小时都在处理工作事务。世界上最富有的人一天 1440 分钟都在想方设法赚钱。世界上受教育程度最高的人一个星期 168 个小时都在致力于学习。世界上最伟大的运动员一年 365 天都在训练。那你呢？你为自己的事业又投入了多少时间和精力？

有人跟我抱怨手头上事务繁杂，根本没有时间处理。事实果真如此吗？恐怕不是吧。最近我读了一篇报道说全国普通民众平均每天看三个小时的电视，也就是一年 65700 分钟都用在看电视上。你有没有计算过如果利用这 65700 分钟，能给客户打多少电话？如果每个电话通话时长为 3 分钟，一年浪费在看电视上的这 65700 分钟如果加以利用，可以打 21900 个电话。如果平均到一个月就能多打 1825 个，而平均到每天则约为 60 个。要是能稍微充分利用这些时间给客户打电话，你就会成为销售界内业绩名列前 1% 的杰出人士。

若是有人跟你抱怨时间不够，这实属无稽之谈，满口胡说。事实上，时间对每个人都是公平的，只是你没有充分利用而已。每个人每天都有 24 小时，

也就是一年 8760 个小时。如果你没有时间概念，更谈不上有效利用时间。如果你也认同时间就是金钱，就应该好好珍惜，认真把握每分每秒。

最近有一次，我去拉斯维加斯做演讲。司机把我带到机场后，问演讲大概什么时间结束，他好安排时间来接我。我告诉他第二天中午之前就能完事回家。听此，司机建议我："既然你已经去拉斯维加斯了，演讲结束后为什么不利用剩下的时间好好玩一玩，第三天早上再回家也不迟呀？"听司机这么说，我回应道："与其在这边浪费时间，刺激消费，还不如乖乖回家努力工作。这样还能使生活更充实一点。说不定回去工作我还能接到一笔大单子呢，对吧？""嗯……"，他说，"这或许就是你能取得今天的非凡成就，而我只能给你当司机的原因吧。"确切地说，你能取得今天的成就是因为你懂得珍惜时间，充分利用每一分钟。任何人都能在一定程度上取得一定的成就，关键问题是你能否抓紧每分每秒，突破自己再创佳绩！

抓住每个时刻进行销售

在我从事销售有几个年头后，一个名叫瑞的老板看我十分有销售潜能，就把我纳入了他的麾下。有一天，他把我拉到一边问："格兰特，为什么你总是跟你的同事吉恩鬼混在一起？天天凑在一块吃午饭，不浪费时间吗？"被他这么一问，我真有点摸不着头脑，跟朋友同事一起吃饭不很正常吗？见我一脸茫然，瑞意味深长地说："格兰特，你还不明白吗？那你仔细想想吉恩会从你这买东西吗？绝对不会！"

天呐，他的一句话犹如当头棒喝，令我幡然醒悟。我这才意识到平常与吉恩吃饭已经浪费了不少时间、精力和金钱。仔细想想，每天浪费一个小时，一周就浪费 6 个小时，一年大概 52 周也就是 312 个小时。我每年仅仅是跟吉恩吃午饭就会浪费 312 个小时，却没有将这些时间充分利用在我的销售事业中！

从那之后，我终于大彻大悟，迷途知返。我抓紧每分每秒做销售，因此我的销售业绩有了很大提升。我下定决心，如果不是跟客户或者潜在客户吃饭谈生意，我宁愿一个人在办公室边跟客户打电话边吃饭。

你浪费了多长时间？

从今天开始，我希望你好好算算一天下来，你浪费了多少时间。一旦你觉得自己所做的事情毫无意义，就记录下来。比如：吸烟、茶歇、排队、给家人或朋友打电话、闲聊、站在饮水机旁悠然自得、讨论游戏、去酒吧买醉、心不在焉地乱写乱画、白日做梦、消极怠工等等。把这些时刻都记录下来，时刻提醒自己做这些事情毫无意义，对于增强团队的业务能力或者壮大公司实力都毫无裨益。

能充分利用时间的人终会取得辉煌成就。

从现在开始，做时间的主人——不要再被时间牵着鼻子走了。改变时间观念，不要再抱怨自己时间不够了。要做时间的主人，而不是时间的奴隶。

午餐时机

我和同事在跟一些潜在客户探讨生意时，大家都围坐在同一张餐桌旁。因此我建议能不能分成两拨。为什么？因为这样坐在一起根本没有合适的机会入手。我们的目标是尽可能与这些客户打交道谈生意，而不是干坐在那里。如果我和同事分开各自陪同一些客户，我们的存在感就会大大增强。

之前我总是和吉恩一起吃午饭，浪费了许多时间。从那以后，我就得到了一个宝贵的教训。如今，我绝对不会和同事、经理甚至老板一起吃午餐。就算和老板一起吃午饭也没有办法保住你的"饭碗"，提高销量才能高枕无忧。我的想法就是：如果是工作伙伴的话，他们肯定不会从我这里买东西。所以，不能把时间浪费在他们身上。对待销售行业，你要像个政客一样。如果有的选民已经决定投他一票，那他完全没有必要再在这些选民身上浪费时间。他们会把重点放在那些举棋不定的选民身上，试着争取他们的选票。

如今，不管是早饭、午饭或是晚餐的时间，我都会和买家或潜在客户一起度过。我约见的客户都有可能从这里买东西。即使不带客户去吃饭，我也会经常去一些显眼的、客流量较大的地方。或许我运气极佳，正中下怀成功说服某个顾客达成交易。

在外吃午餐的人通常都是有经济实力的买家。他们的工作遍及各行各业：银行家、保险人员、销售人员、企业家等等，他们都是潜在顾客。出去和他们打交道，引起他们的注意，了解他们的需求。找一家经常有潜在客户出入的饭馆，每天都在这里露面，直到有所收获为止。经常光顾那个地方，直到混熟后发现下一个目的地。试着与饭店的老板和服务员打交道，直到他们记住你为止。然后，你就可以通过他们了解经常光顾这家餐馆的客人。经常去那些潜在顾客享受午餐的地方转转，努力吸引他们的注意。就我个人而言，我喜欢去那些比较高档的餐厅，因为这里的顾客综合素质都比较高。亚里士多德·奥纳西斯（Aristotle Onassis），一位伟大的航运巨头。他年轻时，每次出去旅行总是光顾最贵的餐馆。不是说他特别有钱，而是因为去那里吃饭的人都是一些成功人士，很可能会遇到一些贵人或机遇。有一次，我向一名保险代理人推销，并提出请他吃午饭，以示我的感激之情。我们约在他的办公室见面，把他的家属安顿好之后就去了他最喜欢的地方就餐。当时我心里打了一个小算盘，担心这次吃饭费用太高。刚坐下来没有五分钟，他已经把我介绍给另一个餐桌上吃饭的朋友认识了。当时他是这样介绍我的："维克，这是我之前跟你提到的那个孩子。"与此同时，维克拿出一张名片递给我说："他定了哪种产品，给我来一套一模一样的。今天能送到我的办公室吗？"

与客户共进午餐＝提升销量！

你为自己节省了 10 美元的棕色包午餐，殊不知却损失了成千上万美元的销售额。这是多么得不偿失！多出去转转，去一些引人注目的地方，多跟一些潜在客户打交道。充分利用你的午餐时间与客户见面，不要浪费这个机会选择和朋友或其他员工出去闲逛。一个人再怎么省吃俭用也不可能成为百万富翁，但若是能在销售一行大展拳脚便可以发家致富！别只想着省钱了，有时间还是想想怎样吸引潜在客户的注意力，怎样与他们打交道促成交易吧！

我妻子是好莱坞的一名女演员，有一次我问她干这行去什么地方最引人注目，最易被人们发掘自己的才能？她说是在常春藤餐厅。那你猜猜我们现在要去哪里吃午饭？对于之前见过的人，往往会给人留下一些印象。而素未谋面的人根本不可能有印象。一旦有人对你有些熟悉的印象，考虑跟你合作共事的概率就会更大一点。

吃午餐也是一种用来谈生意的机遇。与人共进午餐，不单单是为了吃饭，也不只是为了约老朋友和家人相聚。吃午餐是为了拓展新的合作伙伴或者答谢之前老主顾对你生意的照顾之情。一定要充分利用这宝贵的一小时。不要再把时间浪费在毫无意义的事情上了，要充分利用、巧妙安排宝贵的时间！有人可能会问，每天都这样的话还有没有时间休息、放松。你当然可以适当休息，但这一切都要等到你的目标和梦想实现之后。

如果你并没有过上理想的生活，那就必须抓紧每分每秒去努力，决不能错失任何一个提升自己的机遇。无论是为了自己、家人还是美好的未来，你都应该抓紧时间努力，提高时间利用效率。

第十五章：问题

你有多少时间？（不要看上文）

写出六项你认为纯属是浪费时间的活动，然后计算出这些琐事一周大概浪费你多长时间。

1. _____
2. _____
3. _____
4. _____
5. _____
6. _____

把上述活动耗费的时间都乘以 52 计算出每年浪费的时间。得出的结果再乘以 20，计算出一年浪费的金钱。

1. _____
2. _____
3. _____
4. _____
5. _____
6. _____

请写出最赚钱的两项活动，并计算你每周在这上面花费多少时间。

1. _____
2. _____

第十六章　如何控制自己的情绪和行为

态度比产品更重要

　　为了更愉快舒心的购物体验，人们花再多的钱也心甘情愿。毕竟再好的产品也比不过贴心的服务。谁不想身心舒畅？谁不想被认可呢？谁不想被笑脸相迎、以礼相待呢？如果你能给我举出一个客户不想心情舒畅的例子，我就能给你举出一个销售员对销售不屑一顾的例子！人们都想每时每刻保持心情舒畅。更加热情周到的服务态度往往比优秀的产品还能打动人心。虽然有的产品确实会让人们爱不释手，但是一个能让顾客满意的销售人员根本无须担心销量！如果一个人的产品极具价值，再加上销售员热情贴心的服务态度，其销量一定会所向披靡、势不可挡！

　　积极向上的态度比产品本身重要一千倍。分析人们的消费情况可知：人们通常会把很少一部分收入花在生活必需品上，却把很大一笔支出都用于娱乐消遣。为什么呢？因为人们想放松、想寻求快乐和满足。为什么杰·雷诺的收入比洛杉矶所有教师的薪资加起来还要高？因为他能使人们捧腹大笑、身心愉悦！

买家很容易对产品或公司说"不"，但面对一个十分热心的人总是盛情难却。当某个东西让你感觉十分奇妙，不管它有没有使用价值，都会使你欲罢不能。这就是为什么有时候人们会做一些对自己毫无益处的事，因为在做这些事的时候，往往会得到许多快感。人们通常会买一些没有实际用处，但能使自己感到快乐的东西。这也是今天有人因此负债累累的原因。

曾经，我在一家商店的橱窗看见一件特别漂亮的夹克，内心万分激动，迫不及待地跑进去仔细欣赏。售货员帮我把夹克穿上后，我问了一下这件夹克的价钱。看着镜子里的自己我满心欢喜，但我还是转头就说这件衣服太贵了，况且我根本没必要再买夹克了。这位售货员面带甜美的笑容，耐心地对我说："没有谁买衣服是因为真的急需它，人们都是因为穿着舒心快乐才会购买。"她的一席话深深触动了我，随后我立即问道："你能给我发美国运通快递吗？"

关于销售员形象的负面报道铺天盖地，因此遇见一位真心实意为顾客着想、提供热心服务的销售员实属难得。你一定知道我说的是哪类售货员吧？他们每次都会面带微笑地对顾客说："好的，先生。我们会尽量满足你的要求，而且为你效劳是我们的荣幸。"每位顾客，都希望有人提供热情的服务，而不是一味地听你夸赞自己的产品。就像我希望身边的人都面带微笑，热心体贴，耐心十足。我相信，这也是所有人的心声。

我有一个私人助理，名叫詹。当初应聘时，她对我的工作环境和业务范围一概不知。我并不是因为她的能力超强或经验丰富才决定雇佣她，而是看中了她积极向上的工作态度。詹就是那种积极乐观，执行力强，时常把笑容挂在脸上的女孩儿。人人都会犯错，詹也不例外。但是因为她态度端正，犯一些小错误也无可厚非。

如果别人说服务态度再热情也无济于事，没有人愿意因此多支付一分一毫，千万不要轻信这种无稽之谈。请谨记：时刻保持乐观积极的态度，失败只是一时的，你终将成为最后赢家。态度比什么都重要！我喜欢乐观积极的人，他们有一种无法抗拒的魅力。如果你也能热情洋溢，笑对人生，人们也会被你的气质吸引。

把他们视为"百万富翁"

我和妻子经常去格罗夫购物中心吃饭、看电影。我们刚停下车，就有一位金发碧眼、短直发型的家伙热情地向我们打招呼，为我们打开车门，微笑地看着我们。他说："先生，很高兴再次见到你，你就放心地把它交给我吧。几个小时你们忙完后，车子一定会乖乖地出现在你面前。"每次我都乐意给他 20 美元小费，尽管我本可以花 2 美元亲自把车放在停车场。还有一位小伙子每次看见我们就一脸厌烦，似乎对他自己的工作厌恶至极，不耐烦地把我们的车安置在之前那个小伙子为我们停车的地方。由于他工作态度有问题，我只给了他 5 美元，因为他只是为我们停了个车而已，对待顾客一点都不热心。我敢肯定，回家后他肯定向女朋友抱怨那些车主看着有钱却一毛不拔，而他那个短直发型的同行真的是走了狗屎运了。

我敢保证，短直发型的小伙子绝对不是靠运气才挣那么多小费的。另一个小伙子只得到了那点可怜巴巴的小费，绝对不是因为我抠门。事实上，就像爱笑的人运气都不会太差一样，那些态度积极向上的人往往比较幸运。没有什么要比积极向上的态度更为宝贵。如果没有积极向上的态度，那你终会一事无成。

有一次，一位顾客想从我这入手一辆货车。就像许多其他买家一样，他不想让经销商从这笔交易中大捞一笔。他认为按照货车进价付款才不失公平。当然了，说这些话没有任何意义，因为如果公司的产品都以进价出售，公司哪里还有什么利润可言，根本无法正常运营。

我深知贴心的服务态度比产品或价格更为重要。我也相信顾客愿意为我热心的服务态度买单，我耐心解释道："没问题，先生。不管你想要什么，我们都会尽量满足你，有机会与你合作是我莫大的荣幸。"我耐心的回答以及脸上的微笑都让他十分震惊，因为我从来不会对顾客指手画脚、乱发脾气。我用了一小时左右的时间全程陪同他，耐心介绍相关产品，了解他的需求。我们一起有说有笑，他对我的印象非常好。我假想那个客户要给我100万美元，所以才毕恭毕敬地为他服务。我把他之前的抱怨先抛之脑后，一门心思地为他提供无微不至的热心服务。

结束时，我给他看了发票上注明的卡车价格，州税为4000美元，我又额外加了四年的保修费用2000美元。付款时，他看着我说："你一定知道我完全可以在其他地方买这款卡车，而且不用支付这2000美元。"我笑着说道："的确有这个可能，但是我相信你一定不会让我失望的。"他笑了笑说："我也不知道怎么回事，咱就这么定了吧，结账！"说完之后，立即开好了支票。

请记住：商品有价，态度无价。价格可以衡量，但是良好的态度却是无价之宝。无论是谁，积极向上的人最可贵。

你对别人的态度会直接影响别人对你的态度。如果你消极悲观，你也注定得到负面回应。如果你乐观、积极对待别人，每个人也会笑脸相迎。如果我无所顾忌地大喊大叫甚至威胁顾客，他要么唯恐避之不及，要么会跟我打一架。但是如果我面带微笑，以礼相待，才可能期待对方以诚相待。当你有能力以积极向上的心态改变人们的感受时，顾客会感觉到之前从未有过的愉悦，此时此刻，制胜法宝便不是你的优等产品，服务态度才是至关重要的。

你怎么对别人，别人就会怎么对你。你的态度决定了你的高度。如果你总是提心吊胆，那你担心的事迟早会发生。如果经常跟消极的人在一起，你也会变得被动消极。跟那些麻烦不断的人在一起，迟早你也会引火上身。

所处环境对你的影响

我还小的时候，妈妈就告诉我："跟什么样的人在一起，你就会成为什么样的人。"当时可能不太明白这句话的含义，但是现在我发现妈妈说得很有道理。今天我对这句话有了更深刻的理解，我更愿意说成："周围的一切事物都会时刻影响着你，是他们造就了今天的你！""他们"包括你看的电视节目、读的报纸、结交的朋友、喜欢看的电影、你的兴趣爱好、你的家人以及一切与你有关的事物。

每年冬天，记者每天都花几个小时时间报道有关流感的新闻。他们不断地说流感季节即将来临，人们很容易受到感染，数百万人将受到这次流感的侵袭。过去称之为流行病，如今被叫作流感。媒体大肆争相报道得流感的人数不断上升，真的会有这么多人得流感吗？对！媒体的大肆宣传让民众人心惶惶，他们整日担惊受怕，寝食难安，最后真的得了流感！

一旦媒体开始报道国家经济衰退，进入困难时期，世界各地的人们便开始节衣缩食，而且这种现象会持续很长时间。电视和各大报纸的宣传可能会导致国家经济冻结！全国人民顿时陷入悲观情绪，导致人们的行为也大为不同，结果少数人因此受益。多年来，报纸和电视的舆论导向一直影响着许多人的态度和行为。如果数百万人的行为都会被媒体左右，那么无论好坏，你的态度当然也会影响到其他人。

甚至"医学界"也认为大多数疾病实际上都属于精神疾病。通过安慰剂可以证明这一点，因为在许多情况下，食用安慰剂和服用真正药物的愈合效果相差无几。尽管安慰剂跟糖丸差不多，但只要人们相信它能缓解病痛，它就肯定能起作用。

就我个人而言，生命中最宝贵的财富是当别人失去理智时，我有能力保持积极向上的心态。当周围的人都特别抓狂、焦躁不安、消极伤感时，我选择乐观面对一切难题。如果你临危不乱、镇定自若，其他人就会心甘情愿跟随你的领导。如果你想成为一名领导者，你就必须竭尽全力保持乐观心态。同时，你也需要时刻注意保护自己不受外界不良情绪的影响。

独善其身，仅仅保持乐观心态远远不够；你必须学会不受他人情绪的影响。小心朋友、家人、同事和周围的人可能会给你带来的负面情绪。态度就像传染病一样。遇到什么事情你都能保持乐观心态，那一切麻烦便能迎刃而解；问题是你一定要远离带给你负面情绪的人。你想让最好的朋友给你在家里制造一堆垃圾吗？当然不想！但是如果他特意登门拜访，却是为了跟你宣泄各种负面情绪，讲述各种坏消息，抱怨各种悲惨遭遇呢？这些负面情绪无异于情感垃圾，如果你允许他在家里不断给你制造这些情感垃圾，潜移默化中你也会受到影响。

保持积极态度的小技巧

如果你没有找到自己满意的工作，至今仍然茫然无措，我敢保证一半原因是你态度有问题！如果你想得到丰厚的薪水，必须拿出应有的态度。关键问题是怎样保持积极乐观的心态？怎样才能做到始终保持微笑，热爱生活？

以下是我根据亲身经验总结的一些保持乐观心态的小技巧，希望会对你有所帮助。

1. 尽量不要看报纸、电视和听广播。

2. 远离那些悲观消极的人，麻烦不断、做事唯唯诺诺的人。你可以帮助他们脱离困境，但切记不要被他们的负面情绪所影响。这些人包括你的家人和朋友。

3. 一旦你和他们都有了明确的目标，让身边的人都与你的步调保持一致。

一起努力，直到实现目标！

4. 远离药物和酒精，这些东西会让你意识模糊，昏昏欲睡，反应迟钝，甚至丧失理智！处方药对大脑的影响和街头毒品一样严重，而且有些药物甚至比毒品还危险。一定要注意这些药品的副作用和警告语。保持清醒，控制好自己的情绪。远离危险药品和酒精。

5. 尽量少去医院，远离医生。不到万不得已的情况下，不去医院。我见过许多人在医院待得时间久了情况愈发日下。医院似乎成了"病态工厂"，而不是治愈人的地方。你也可以仔细观察一下刚离开医院的人，来验证我的观点是否正确。

6. 把所有消极的谈话都视为垃圾。在家里和办公室贴上一个"禁止一切消极言论"的标志语。不要让别人在你周围宣泄一些负面言论，你不需要这些情感垃圾。把这些负面情绪都视为垃圾，禁止任何人在你身边制造情感垃圾。

7. 从今天开始，禁止一切消极情绪。在接下来的24小时里，禁止一切消极的想法或谈话。这将是你学会控制自己情绪和行为的第一步，它将帮助你变得自律果敢。你的行为受思想支配，然而行为又将决定你的生活高度。一旦你学会控制自己的思想，便能约束自己的行为。避免消极情绪包括：一天24小时都要禁止一切消极的想法或谈话，周而复始坚持这样做。这看起来像是一个非常简单的挑战，但我从来没有见过能真正坚持下来的人。而且我知道成千上万的人刚开始的时候，连十分钟都没能坚持下来。

把这当成一个游戏，跟自己比赛，学会控制自己的情绪和行为。要学会积极乐观地面对生活！人们很难意识到，是自己的负面情绪才导致的结果不尽人意。整理好自己的情绪，学会自律。这个游戏首先会让你意识到自己身上的负面情绪。意识到自己的负面情绪，是做出转变的第一步。一旦你失败了，把当时消极的想法和行为记录下来，然后重新开始。一直这样做，直到你能一整天都保持积极乐观的情绪。然后，看看自己能坚持多少天。这样做的目的是让你变得更加自律，学会整理自己的情绪，约束自己的行为。

如果你想知道如何永久摆脱消极情绪，请致电我的办公室。我的工作人员会耐心为你指导，保证使你终身摆脱所有负面情绪和想法。自此以后，变得乐观开朗，积极向上。事实上，如果你从不被负面情绪所困扰，学习怎样控制情绪就无异于画蛇添足了。如果你需要帮助，欢迎致电800-368-5771，我们将竭诚为你服务，带你开启精彩绝伦的人生之旅。

在生活中，拥有和保持一种积极乐观的生活态度会为你带来丰厚的回报。没有什么比乐观的人生态度更加宝贵。人们之所以会记住你，并不是因为你腰缠万贯或成绩斐然，而是因为你积极阳光的生活方式给人们带来了无尽温暖。你乐观开朗的工作态度，不仅会使顾客的态度扭转，还会影响你生活的方方面面，包括你的婚姻、孩子、健康、收入以及你的运气等等。无论是什么，只要你能列举出来，必然与乐观向上的态度密切相关！

第十六章：问题

人们会为了什么心甘情愿地买单？（举出三个例子）

1. _____
2. _____
3. _____

对你而言，什么东西有着势不可挡的力量？（试举出两例）

1. _____
2. _____

怎样才能把人们都当成百万富翁对待？（写出三个方法）

1. _____
2. _____
3. _____

作者认为什么是最宝贵的财富？

怎样变得乐观开朗、积极向上？（试着写出四种方法）

1. _____
2. _____
3. _____
4. _____

第十七章　说服别人的能力决定了你的生活质量

我见到埃琳娜的第一眼，就决定此生非她不娶。我对她一见钟情，第一次见面就被她深深吸引，迷恋到无法自拔。即刻我便意识到，像之前我遇到过的所有客户一样，这次交易不会轻而易举就被我拿下，要想征服这位"客户"也绝不会易如反掌。我惊艳于她的花容月貌，甚至怀疑自己到底有没有资格拥有她，有时候甚至觉得自己根本配不上她，担心她根本不会注意到我的存在。我克服内心的恐惧，跟她搭讪，进行自我介绍，这时我的心跳加速，血液似乎要冲破皮肤的束缚一样。她满不在乎地敷衍了我几句，好像我是透明的看不到一样。旁观者会以为我是一个讨厌鬼，或者隐形人。我一下子像泄了气的皮球，变得垂头丧气、无精打采的，整个人都崩溃了，她的反应让我确信此次交易几乎不可能达成。这次的不期而遇持续了大概一分钟，然后她就甩身去忙自己的事情了，留我孤身一人傻傻地站在那里。

我去片场拜访了一位朋友（掌握主动权）——发现他十分了解我心仪的女孩，然后我就向他索要那位女孩的电话号码。虽不情愿，但他看出来我不达目的誓不罢休（坚持推销）。第二天，我满腔热情地百般讨好她，不断自我安慰终有一天她会留意在乎我的（态度比产品更重要）。果然，事实证明我再次费力不讨好：她似乎依旧对我的产品（我）毫无兴趣，甚至因为我给她电话十分恼火。我明白自己给她留了一个坏印象，但我十分确信她就是我今生要等的不二人选（完全喜爱、忠于自己的产品）。

我根本无法与她贴心交流，因为我连她喜欢什么、对什么感兴趣都知之甚少。虽然我处处碰壁，吃闭门羹，但我绝不会放弃。我给妈妈打了电话，向她寻求支持，确认我的选择正确无误，并郑重其事地宣布，我遇见了此生非她不娶的女孩儿。母亲激动不已，问我是否和那个女孩儿约过会。我告诉她，我们之间还有一个小问题：这个女孩儿目前对我不感兴趣。我的母亲为了保护自己的儿子不受伤害，此情此景之下，她提出了中肯的建议："格兰特，爱情是两个人的事情，如果她对你不感兴趣，请不要把自己的感情强加于她。"（保护自己，远离那些负面信息——在追逐梦想的时候，对于别人的建议一定要三思而后行，就算是你挚爱的人提供的建议也可能导致你与梦想渐行渐远。）

听见母亲说"爱情是两个人的事情"，我恍然大悟。如果缘分命中注定，那主动权也需要我努力争取！我曾听说过销售员因未达成交易而埋怨了顾客好多年的故事。忽然之间，我更加坚信一定要让这段缘分继续下去。

能否说服别人，完全在于我有没有这个本事，重点并不在于埃琳娜。如果我守株待兔的话，好运永远不会自己送上门来，所以我必须主动出击。卖家只有主动推销东西，买家才可能购买！而且这事根本不需要两个人，一个人就能搞定。那一刻，我下定决心，一定要全力以赴将自己推销给这位女孩儿，完成这笔交易。首先需要做的是：重拾信心，对自己的产品（我）信心满满。我坐下来将需要做的事一一罗列出来，并将影响我们关系的关键因素找出来。然后制订了一个行动计划。我开始给每个可能认识她的人打电话，然后把我喜欢她的事情公之于众，我恨不得全世界的人都知道这个秘密（大张旗鼓采取行动）。我决定每隔几周就给她打一次电话，直到最终突破她的心理防线，与她真正贴心交流为止，这样一来，才能给彼此互相了解的机会。整整一年内，我每月都打电话给她，并给她一些积极向上、正能量的留言。她不但不会接我的电话，而且从来不会主动回拨。不过这并不会阻止我追求她的脚步，因为真正合格的销售员从不会因为小小的挫折就放弃之前的努力。我对她的赏识至死不渝，所以我在努力让她明白我的心思。由此我变得荒唐可笑、甚至有些不可理喻。电话搭讪毫无进展，所以必要的时候，我不断地鼓励自己，我推销的产品质量优等，我的使命伟大光荣！

我回去继续扩大朋友圈。通过我的坚持不懈，终于皇天不负有心人，我发现朋友的朋友其实是埃琳娜的闺密。于是我便开始接近这位闺密，告诉她，我对埃琳娜一见钟情，并把我屡战屡败、屡败屡战的事迹告诉了她（权力基础）。我请求她在埃琳娜面前替我多美言几句，找出我们两个之间的问题，以及她不愿意回应我的原因。这位闺密告诉我，实际上之前埃琳娜提到过我的名字，还说这个人一直在给她打电话、做滑稽有趣的留言，但她对这些都毫无兴趣。

这位女伴说，她曾告诉埃琳娜我真的是一个不错的小伙子，她应该跟我相处试试看。听到朋友这么说，我万分激动，心想无论如何都要实现心中的目标。就在这时，她苦口婆心的劝说却让我失望至极，她说埃琳娜觉得我不是她喜欢的类型。

我想知道，这是一种抱怨还是拒绝？拒绝的理由是什么？我一定要打破砂锅问到底，弄清自己的处境。我向这位朋友百般打听，尽力搞清楚状况（我曾许下的诺言）。最终她告诉我，埃琳娜嫌我太矮，而且她不喜欢商人，所以我真的不是她喜欢的类型。

但我明白这不是她拒绝和我约会的真正原因——她们只是在抱怨而已（了解抱怨与拒绝之间的区别）。

我明白是时候该放弃了，但是当我在大街上漫不经心地散步时，却发现一位奇丑无比的男子身旁有一位美若天仙的女孩，我在想，他是怎么做到的呢？我虽然不知道答案，但我非常确信要是放弃肯定会功亏一篑。所以我下定决心,一定要至少争取到一次约会,将产品(我)推销出去,完成此项交易!

我一定要认同她的观点,这也是销售中的头条法则。所以我再次给她打了电话留了一条信息,目前为止,也许这是第十三条留言了。"你好,埃琳娜,我是格兰特。你可能知道,我一直在通过艾瑞卡(Erica)打听你的消息。但我不想让你误解我是一个胡搅蛮缠的人。我只是一个非常欣赏、非常喜欢你的人,而且我从未想过要放弃你,我会一直等到你给我这个机会。顺便说一句,我不是一成不变的人——我也在一直成长。"我的留言一直都是乐观向上、积极健康的,永远不会让她有丝毫的失望沮丧。

有一天我向一个好哥们儿询问埃琳娜的情况——恰巧他也一直在追求她。他告诉我,她对谈情说爱并不感兴趣,对射击和演员这个职业更感兴趣。他还告诉我埃琳娜其实没什么大不了的(听起来像一个没达成交易的销售员在自我安慰)。然后我沿着射击这条信息顺藤摸瓜,发现埃琳娜是加利福尼亚州十大女子黏土射手之一,射击是她最热爱的事业。我打电话给洛杉矶射击俱乐部,租了射击场,并在下周六聘请了洛杉矶最好的教练。我再次给她打电话,留言,告诉她我已经预定了射击俱乐部场地、教练,并诚挚邀请她出来一起射击(销售员需要对顾客投其所好,而不能只了解自己的兴趣所在)。六十秒之后,她第一次回拨了我的电话!那周六我们第一次正式见面,之后不到一年的时间,我们结婚了。

得到妻子信任是我做过的最艰难的推销,但我敢拍着胸脯信誓旦旦地告诉你,只要能娶她为妻,所做的一切都是值得的。此次交易额高达8000万美元,第一次她终于注意到我时,第一次一起约会时,我真的无比激动。到后来,我终于有资格向她求婚,她毫不犹豫地答应我时,我真的感到无比幸福。所以,这点钱真的不算什么,小菜一碟而已。

我的妻子会告诉你,我比她更有先见之明,我坚持不懈的努力和对彼此的了解帮助我们促成了这段天定良缘。我敢肯定她不会向任何人抱怨说我曾经纠缠过她。她一定会说我有先见之明，知道自己想要的东西并舍得为之付出不懈的努力，夸赞我具备百折不挠、不达目的誓不罢休的劲头。妻子也不会说我用消极卑鄙的手段将她说服了；相反，她一定会说，尽管她对我视而不见、漠不关心，但我仍然坚持向她表露真心，给她所有的爱（给予 – 给予 – 给予）。

我十分骄傲地跟你说，得到妻子的芳心是我这辈子最重要的推销，而且，如果不是因为我将销售视为不可或缺的生活技能，如果我对销售技巧并非一概不知，今天我也不会完成此生最珍贵的交易。

总结

你说服别人的能力决定了你在各个方面的生活质量。推销是现实生活中不可缺少的必要技能，它能助你梦想成真。虽然销售是一部分人的职业，但所有人都需要了解这项技能。为了得到想要的东西，你需要向人推销、跟人谈判以及说服别人。你做得越出色，生活质量就越高，对别人的影响力就越大。

虚心学习怎样销售。不要把它当作一种负担或是令人厌恶的事情，而且一定要亲力亲为。销售是推动经济发展的源泉和动力。如果没有人们销售思想、观念以及产品，这个世界将会停滞不前。如果你想对这个世界做一点贡献，那就要学会如何销售。如果你想全世界都知道你的理念，你就必须推销自己的观点。如果你想过自己理想的生活，如果你想让公司的事业蒸蒸日上，如果你想让家庭生活幸福美满，那就必须学习这本书中的内容，我保证你会取得非凡成就，令别人艳羡不已。

第十七章：问题

撰写一篇文章，此文章与目前为止你从本章和本书中学到的内容相关，并描述为了实现生活中的目标，你要如何将这些理论应用到实际中。

第十八章 无可挑剔的"销售五步骤"

在本章中，我想侧重介绍一下成功的销售流程。首先，成功的销售流程可以满足各方需求，提高办事效率。

20年来，人们的销售方式几乎一成不变。其实许多做法早已不再可取，比如鼓励销售人员坚信老套方法，把自己的思想强加在客户身上，他们还天真地相信只要肯花时间全程陪伴顾客左右，他们就会感恩戴德。可事实是，过去的50年里，人们的购物观念早已不同往日，发生了翻天覆地的变化。在过去，家中需要添置什么东西，钱该怎么花，大都是由妻子决定的；如今夫妻二人都喜欢出去工作赚钱，打破了以前男主外女主内的传统生活理念；人们的空闲时间越来越少；获得信息的渠道越来越多；一些研究表明当今时代的购物观念都发生了变化，现在顾客购物不希望受到任何过多的干涉。

一个近乎完美的销售流程，于买家而言购物方便快捷，于卖家而言简洁高效。为顾客提供真实可靠的信息，且顾客很容易获知这些信息；不要觉得顾客愚昧无知，容易欺骗，要把他当作学识渊博、精明强干的人来对待；最后通过完成交易来满足客户和公司的需求。

在任何销售过程中，我首先要考虑的是如何在短时间内达成交易，简化销售流程，因为买家时间有限，所以推销不容拖沓。无论是给汽车加油、注销健身房会员资格，还是购买装备、生活用品或是一种技术，所需时间都是顾客考虑的重要因素。买家自然而然就会想：我要在这里待多久？还要等多长时间？我还要在这里听一个素不相识的人唠叨多久？

大致说来，销售流程其实就是洞察出买方的以下信息：买方是谁？想要什么？他为什么想得到此款产品？我现有的产品，哪个能够满足买方的需求？我应该怎样向买方介绍，才能达到预期效果；然后提出一个切合实际的报价；最后达成交易，发货，跟踪回访，争取再次合作的机会。只要能简化销售流程，提高效率，我心甘情愿不惜一切代价。

此外，完美的销售流程需要广告为它画龙点睛。如果整个销售过程不通过广告公之于众，那么这个销售肯定会出现一些问题。销售过程的透明度是检验自身完整性的试金石。传统中崇尚控制、欺骗以及向顾客保留信息，这些做法肯定不希望通过广告被公之于众。

过去的 25 年内别人都告诉我，要想在销售界有所成就，必须注意一点：即在向顾客推销时，一定要慎重不能把所有信息毫无保留地告诉他们，因为这个过程中总会有大大小小的猫腻。这正是我对销售界不屑一顾的原因。但销售的本质并不该如此。我所了解的最出色的销售员大都直言不讳，十分坦率。他们不会玩小把戏，非常实事求是。完全没必要背地耍阴招或玩伎俩就可把工作处理得完善稳妥。

一般可圈可点的销售流程都简洁高效。一种理想状态是，销售员明白顾客时间宝贵，把握时间耐心为顾客讲解，但绝不会浪费顾客一分一秒。在此过程中，买家十分明确自身需求，因此可以直截了当地切入主题，在自己允许的时间范围内达成交易。整个过程，一气呵成、舒心顺畅。不管是买家主动向你寻求帮助，还是你主动向买家提供服务，不管这个销售过程简单或烦琐，不管价格是高是低，也不管条款是否合理，整个销售过程有些事情无法避免，你必须认真对待。

要想确定目前的销售流程对客户来讲是否存在问题，你必须这样反问自己：（1）是否每次的交易利润都低于平均水平？（2）控制交易时间能否减少客户的抱怨？（3）对于整个销售流程，是否对客户有所保留，没有做到公开透明？

公司一直在招募新的销售员，但他们首先应该考虑到的是一个全新的、节省时间的、对客户友好的、实事求是的、关注信息的21世纪新型销售流程。销售流程应首先满足客户需求，其次是销售人员，最后是管理层。

大多数销售计划旨在满足管理层的需求，但实际上，管理层既不会购买也不会去向别人推销产品。有关销售的古老格言和信念在今天早已不再适用，之前的观点认为："你跟客户在一起的时间越长，成功向他推销的可能性就越大。"实际上，这种想法早已不切实际，你拖得时间再长，也无异于浪费彼此时间。

如果你目前的销售流程不能克服前两个障碍：满足客户和销售员的需求，即便管理层对其青睐有加，也无济于事，因为大家都不会接受这种流程。就像不管我多喜欢750磅重的哈雷戴维森路王（Harley Davidson Road King）摩托，想让女儿学习开这种摩托，简直是异想天开，因为这种摩托对她而言很难驾驭。因此，问题的关键在于，不管领导或上级管理人员有多么想要按照自己的方式处理事情，如果客户不买账，用户不喜欢，那么这个方法就毫无价值。

验证销售流程好坏的最佳方法就是反问自己："对于我们想让大家做的事情，能否公之于众？"如果你不能给予肯定回答，说明你的销售流程肯定存在猫腻。

我与世界各地的销售组织和个体都有过合作，以下销售流程，我认为非常简洁高效。虽然这个过程要结合你推广的产品或提供的服务等实际情况来"私人订制"，但基本步骤对普通大众还是有效的。以下过程看似简单，却行之有效。很多组织的销售流程有10到12个步骤，其中大部分步骤没有实际用处，还有很多不被人们接受。不管是面对面交流、电话沟通，还是网络谈判，以下是在每个销售情况中你都肯定会遇到的五个关键步骤：

1. 问候
2. 确定客户需求
3. 选择产品和礼物/确定产品价值
4. 提供建议
5. 成功完成交易或是买家无功而返

步骤一：问候

问候的目的是出于礼貌，介绍自己，给人留一个好印象，让买家感到轻松自在。我想结合以下情境，为你具体讲解。如果客户向你寻求帮助，你要跟他们说"欢迎光临，很高兴为你服务"，如果你向客户主动提供服务，要说"感谢你信任我，有什么可以为你效劳"。无论哪种情况，你都要时刻注意时间。如果你与客户交情尚浅，不想浪费彼此时间，那就尝试给他留个好印象，让他记住你是谁，你的工作是什么。如果你跟这个人很熟悉，你也一定不想只拉家常而闭口不谈生意。所以，这一步至关重要。我们是把问候顾客当作沟通的桥梁，最终向顾客表达自己的合作意向：我们要把潜在客户变成真正买家。

问候的范例：

- "欢迎光临，很高兴你光顾本店，有什么我可以帮你的吗？"（然后过渡到剩余的四个步骤）
- "你好。感谢你抽出宝贵时间来见我，请问你对该产品了解了多少。对于你已了解到的，我就没必要继续浪费你的时间再做解释了。"
- "今天很高兴见到你，非常感谢你陪我一整天。请问你想了解哪方面信息？为了不浪费你的时间，我会着重为你提供相关信息。"

每种问候都能帮助人们如愿以偿。销售过程中，买家选择热情问候顾客之后，两者就能建立融洽的关系，交到友好的朋友。（请致电我们的办公室，你会得到我们为你或你的公司"量身定制"的有关如何问候顾客的内容。）每次热情问候之后，我会立即过渡到步骤二。

步骤二：确定顾客需求

确定顾客需求以及他们需要该产品的原因。为此，你可以实际调查或咨询顾客。最快的方法就是实际调查客户之前的购物喜好。此步骤的目的有两个：（1）投其所好，向顾客展示他们喜欢的产品。（2）找到介绍该产品的最佳方式，以便在此过程中建立感情基础，这样才更容易打动顾客，促成交易。

人们获得某物的动机改变时，即使同等价值的东西，内涵也不完全相同。从表面看来，一杯水就是简单的一杯水，直到发现人们获取它的原因或动机不同时，你才能体会到其中不同的内涵。不同的原因会赋予产品不同的价值和需求，而这些必须在步骤二中确定。

一杯刚刚用来清理餐桌的水，一杯用来给某人的眼睛消毒的水，与一杯用来给脱水严重者解渴的水，内涵大不相同。此外，当地供水系统中的水，与包装饮用水或降低人体化学反应酸度的碱性水的用处也不尽相同。

在感恩节，那些精美无比的玻璃杯比水本身耀眼得多，直到一位客人被祖母做的玉米面包酱噎到，水才显得尤为可贵，而再好看的玻璃杯在危险时刻却显得一无是处。所以你明白其中的道理了吗？你为什么想要这个产品？为什么现在对它青睐有加？目前的处境怎样？你希望该产品能发挥什么价值？对你而言在下次购物时哪点最重要？原因何在？你有什么类似的经历？目前的状况给你带来的益处，哪一点是你喜欢的？它没为你做过什么贡献？如果评分从1到10，目前的服务，你打几分？怎样做才可以让你十分满意？如果有下次，你还会选择这款产品吗？这件产品真的物有所值吗？你会赋予它什么价值？怎样才能让它变得更称心如意？

在确定客户需求时，你并不是在推销，而是在询问和了解他的喜好。因为这是在销售过程的早期阶段完成的，你要明白这个过程的最终目的，这样才能利用此信息更好地理解客户心理，从而制订出更合适的方案。

记住，所有的购买或投资目的都是试图解决某种问题。全都如此，无一例外，就像你买钻孔机是为了打洞一样。

步骤三：选择产品和礼物，确定价值

精心挑选并向客户展示你的产品。你要为客户精挑细选合适的产品，而不是眼看着他们面对琳琅满目的产品看得眼花缭乱。不管你的产品有形还是无形，这都无所谓；至少你有产品清单可供顾客参考。假如你要推销保险，根据前两个步骤中的调查发现，你现在就可以为顾客挑选最合适的产品，制订最贴心的方案，也能了解如何才能使客户受益。其他任何产品展示都一样，不管是外科手术、艺术品、汽车、家具、乡村俱乐部会员，还是慈善活动的礼物，甚至是简简单单的一瓶水，都是如此。

你应该根据客户告诉你的要点来有所侧重地展示自己的产品。对于快要窒息的人而言，不管向其展示玻璃杯还是水的质量都毫无意义。如果我想从你手中购买一套房子，请介绍我想了解的事项，而不是一味地告诉我预算会有多少。当你向我展示一套房子时，如果你已完成了步骤二，那就该在四处带我看房子之前，先给我看看地产的行情。购买房产时，相比于房子本身，我对房地产更感兴趣。但是如果你不花时间询问清楚步骤二的要点，那在向我介绍产品时，就会在无关紧要的事情上面白白浪费时间。

在我演出《资金周转王》（*Turnaround King*）期间，你会发现我经常去健身房，在那里他们会向我推荐自家产品，但却不了解我的需求。如果公司领导肯花时间搜集我的相关信息，然后有针对性地向我展示自家产品，那他的效率会更高。一旦他发现我更喜欢与游泳相关的设施，而不喜欢那些重量级的健身器材，那他就会有的放矢，向我展示我最感兴趣的产品。事实上，我喜欢游泳，并且相信在奥运会泳池中游泳对我的身体百利而无一弊，而且比任何其他锻炼方式更能强身健体。推销员如果知道我的喜好，就会投其所好，侧重向我展示相关产品。将产品介绍限于那些至关重要、最有价值的范围内，我就很可能成为他们的会员和忠实粉丝。

只是因为客户打电话向你询问关于房产的事情，你就列举出面积 11000 平方英尺、占地 5 英亩的房子，但这并不意味着他需要参观整个 11000 平方英尺面积的角角落落，也没必要挨个儿欣赏每一片叶子、每一块草坪。实际上，只有当你向顾客问清楚喜好之后，才能知道主要向他展示什么。然后在介绍产品时，才会将注意力集中于那些买家关注的因素上。提高效率，缩短展示时间！让其他所有产品都变得有意义的几件事情是什么？买家选择某一产品的动机是什么？你向客户展示产品的时候便是确定价值、创造紧迫性、增加买家为产品付款欲望的最佳时机。

缩短展示产品的时间，只是降低了达成交易的可能性而已。但在展示环节，如果在买家认为毫无意义的产品上花费太多时间，那你不仅把时间浪费了，促成交易的概率还会不增反降。

步骤四：提供建议

提出建议。我总会给顾客提出可靠建议。一直如此，从未改变。即使顾客还没有充分准备，我依然会主动向其提供建议。很多人告诉我，不要把所有数据都提供给买家，但我一直坚信，如果你不把这些展示给大家，交易永远不会达成。我并非在说，展示产品之前就要主动向买家提供建议，我的意思是，在每种情况下，你都应该积极地尽自己所能为每位买家提供参考数据。

　　时刻准备着为买家建言献策。我们的目标是向每位来访顾客提供建议，并且要在开始交流后的 40 分钟之内完成此目标。客户需要依据可靠信息来做正确决定。我们最近在 500 多家类似公司内做了一次神秘购物，只有 37% 的公司为神秘购物者提供了建议。这意味着 63% 的公司在顾客走进商店之后，都错失良机，没能促成交易。30 天内，通过缩短销售流程，坚持向顾客提供参考数据，我们帮助公司增加了 35% 的销售额。最近我们在波士顿的一支零售团队中做了此实验，每天我们向其提供网上训练，鼓励他们向着一个目标努力——为顾客提供建议。一个月内，单单这一项就为此销售团队创造了 35 万美元的毛利润。详情请登录 www. CardoneUniversity. com 查看。

步骤五：成功达成交易或买家无功而返

　　在此步骤中，我们能发现你到底身怀多少武艺。你需要阅读我的两部"作品"："达成交易"（Close the Sale）的应用程序、《销售人员生存指南》(*The Closer's Survival Guide*) 以及音频教程，它们会将销售员培训成为专业人士。

　　首先，学习怎样促成交易，时刻准备，一旦机会来了，千万不能错失。达成交易与推销商品是两种截然不同的艺术。我们每个人天生就会推销，但是要想学会如何达成交易，那就需要苦下工夫认真学习。调查显示，即使专业的销售员在此领域也需要寻求帮助。在达成交易的过程中，你必须成为一个能应付各种情况的专业销售员。一位出色的交易人需要完成成千上万笔交易，交易成功的次数屈指可数的人，销售能力亟待提高。专业人士需要对各种新颖独特的方法都烂熟于心，来处理交易中的所有突发状况。

敷衍搪塞、讨价还价、考虑预算、产品不够优质等，这些都只是顾客的借口罢了。在交易中，做一位专业人士至关重要，这不仅仅是单纯地为了圆满完成任务，而且更重要的是面对客户异议、敷衍搪塞时，如果你能应对自如，信心也会倍增，自然也能使你再创佳绩。那些失败的销售员往往都缺乏专业销售员的一些素养，比如，寻找潜在客户、后续跟踪回访以及保持积极乐观的态度。说实在的，如果你无法促成交易，为何还要做销售员呢？促成交易，就是你的收入来源。如果你想成为销售界的精英，那就要掌握这项技能。《销售人员生存指南》和音频教程，是我主讲的两个课程，将来我会把它们扩展到第三版。相关培训教程也可在网站 www.CloseOrLose.com 中找到。这些教程中有成百上千的技巧，能够帮助你自如应对销售中客户的所有异议。

第十九章　把销售当作自己的事业

把成功视为一种不可推卸的责任和义务，而不是作为一种可有可无的选择或谋生手段！

无论你从事什么岗位，如果你问我怎样才能成功，我给你一条最中肯的建议：就是把成功当作道德追求，而不是获取利益或增长技术的途径。几乎所有人都梦想着有一天能够出人头地，但大多数人都只把这当成一个遥不可及的梦想而已。如果对待任何事情你都只是怀揣无限遐想、没有任何实际行动，我敢保证你一定毫无所获。

你知道吗，在美国只有不到2%的家庭去年赚了25万美元？这是为什么？你能说是因世界对其他98%的家庭不公平吗？还是因为这98%的家庭认为于他们而言成功的希望太过渺茫，最终甘于平庸，碌碌无为？认清现实吧，那些家庭之所以年薪上万，并不是因为他们智慧超群或者异常努力。许多人没有取得成功的关键因素之一是他们没能坚持到底。他们把一切原因都归咎于经济条件有限，时间不足或是其他一些不可抗力因素。

面对现实吧，大多数人甚至都不为自己想要的生活努力奋斗，而那些充分激发自身潜能、创造理想生活的人更是凤毛麟角。人们都信誓旦旦地说自己要跻身上流社会，要尽早经济独立；说自己想要干一番大事业，挣更多的钱，成为亿万富翁。但是人们往往空有满腔热情，没有实际行动。无论做什么事情都是三分钟热度，缺乏耐力和恒心。

请你结合自身情况，回答下列问题

- 你真的充分发挥自己的潜能了吗？（请据实回答）
- 你是否把取得成功视为不可推卸的责任或义务？
- 更多的成功是否对你有不良影响？
- 你的全家人都在为追求成功制订周详的计划吗？

对于以上问题，如果你给出的答案都是否定的，那你取得成功的概率可以说是微乎其微。没有成功并不是因为你不够专业，而是因为你没有把成功当作一种义务和责任。与其他工作领域一样，做销售这行也必须不断追求成功，否则你注定一败涂地。只要你不再把成功当成难以企及的愿望，那么实现梦想的概率将会大大提升。我敢保证，如果你不认为自己有责任发挥潜能、追求成功，那么你的巨大潜能不可能被激发。如果你不把取得成功当作不可推卸的义务，你肯定不会尽其所能，为之付出疯狂的努力。许多人都说成功只是一段旅程，绝不是终点。从白手起家创建四个公司之后，我可以肯定地告诉你，虽然成功真的只是一段旅程，但更重要的是你必须明白，这段旅程并不是康庄大道，而是遍布荆棘。并且，在追求成功的道路上，真的是人才济济，摩肩接踵。各种困难都可能是你成功路上的绊脚石。通常情况下，那些把成功视为终极目标的人比刚刚踏上旅途的人走得更远。

在我的销售职业生涯中，一次重大转折使我终于大彻大悟明白了一个道理：要想在销售界出人头地，必须把销售当作一种事业来用心经营，而不是简简单单将其视为谋生手段。当我开始严肃对待这份事业、认真学习与销售有关的各种知识时，已经向成功迈出了重要的一步。刚开始接触销售时，我把它当作通往成功的桥梁，视其为一种不可推卸的责任与义务，就像不可违抗的军令一样神圣，这样一来，所有的销售障碍都随之烟消云散了。后来，我逐渐明白，我之所以能取得成功，靠的不是别人的帮助，也不是因为我"运气好"；我也懂得了销售是值得为其奋斗一生的事业，因为它是一份朝不保夕的工作。

即使是我们身边幸运至极或是出身名门的人，也必须付出不懈努力才能给自己找到准确的定位。机会总是会留给有准备的人，而运气好也是不断努力的结果罢了。那些成就非凡的销售人员看起来运气极佳，因为于他们而言成功似乎轻而易举。除非你真的尝试过，否则你永远不会明白那些顶级的销售人员付出过多少努力，又经历了多少失败之后才取得今天的成就。仅凭运气不可能成功；不断追求成功并为之付出艰辛的努力，你才可能被上天眷顾。

你要好好对待销售事业，就像优秀的父母精心呵护他们的孩子一样：把销售事业当作一种义务，一份责任。要忠于销售事业，信赖自己的产品，效忠所在的公司。还要严肃认真地对待每一位顾客，将其视为义不容辞的责任。正如在第五章中谈到的，你必须做到在其位，尽其职。称职的父母会不惜一切代价照顾好他们的子女：为了子女，他们半夜就起身忙活；为他们穿衣、做饭，为他们据理力争；无微不至地照顾他们；父母都会不惜一切代价，甚至用生命去保护他们的孩子。要想在销售领域取得成功，你也必须有这种责任心和意志力。

坦然面对自己：不要为失败找借口

那些在销售界一事无成的人常常为自己的失败寻找各种借口，这种现象已经司空见惯了。有些人甚至开始自欺欺人。在销售行业，经常看到那些曾经十分出色的销售人员如今也开始为自己的无能找各种借口。请阅读"10×规则"一章，看看我之前谈到的人们通常怎样为自己的无能开脱。

例如，当孩子们不能得到他们想要的东西时，一开始孩子们会耐心地请求他人，逐渐变得垂头丧气，之后变得不依不饶，最后可能会打架甚至哭喊。最终，如果实在无法得到想要的东西，他们就开始自欺欺人，不断安慰自己其实并没有多么喜欢那个东西。要么说服别人，得到自己想要的；要么妥协，放弃自己所爱。所有的孩子为了达到目的，通常都会不断地软磨硬泡，直到父母认输为止。如果你总是自欺欺人，定会输得一塌糊涂。若想放弃追寻所爱，总有上千条"不错的"借口。很显然，你就是经验不足。请不要在你一次交易都没有成功的情况下，还悠然自得地花费一下午时间为自己的失败寻找种种借口，这不过是掩耳盗铃罢了。

在销售过程的每个阶段，都要诚实面对自己。不断反问自己："那笔交易为什么最后以失败告终？我哪里做错了？我是不是忽视了一些重要的细节？怎样才能弥补过失，降低成本？在哪里我可以获得融资？为什么我没有鼓足勇气去说服决策者？我仅仅为自己争取了两次订单而已……"要诚实地面对自己，为自己的行为和后果负责。不要让同事找各种理由安慰你，比如，没关系啦，一次失败不代表什么；客户只是还没考虑清楚而已；顾客资金不足，往往又十分吝啬；他们真是一些难搞的顾客；他们从来不会在这儿购买任何东西，他们没有决定权；我们的产品太贵，没有他们心仪的产品；如今经济不景气，行情就这样等等。让他们闭嘴吧，不要再找任何借口了。这只会让我感到更加厌烦，像这样自欺欺人无异于把自己推向深渊。

在销售领域取得成功都是得益于你把追求成功当作不可推卸的责任和义务，然后采取必要的行动，坚持不懈地努力，直到达到你预定的销售目标。如果不能坦然面对自己的销售业绩，你终会发现自己的销售业绩每况愈下。一旦成就感消失殆尽，你就没有了动力，自然就开始变得消极怠惰。

为了能在销售领域站稳脚跟，你必须：

1. 下定决心，致力于销售事业。

2. 把销售事业当作一种责任和义务去认真履行。

3. 坚持不懈地努力、努力、再努力，直到达成交易。

4. 不为失败找借口，只为成功找方法。

5. 做好心理准备应对各种困难和障碍以及难搞定的顾客。请登录www. CardoneUniversity. com 网站浏览格兰特·卡登职业销售大学的相关信息。

第二十章 你必须知道的销售培训六大技巧

仅仅通过读书或看影像节目来学习销售是远远不够的；纸上得来终觉浅，要真正掌握销售要领，就必须勤加练习。从宇航员到运动员，都是因为付出了辛勤的汗水，不断刻苦练习，直到每个动作、每个表情都达到专业水准，才终有所成。任何一名海豹突击队员都会夜以继日地训练，才能保证在关键时刻做出准确判断，面对困境时可以毫不畏惧、勇往直前。

如果一旦遇到销售难题，你就开始怯懦后退、不敢向前，则说明你仍然需要刻苦练习。从我下定决心认真对待销售事业那刻起，每次出门前我都会看一些有关销售的资料，在去上班的路上也抓紧时间听一些有关销售的广播。每次与客户沟通交流的时候，我都会认真记录。

每个月花在训练上的时间和金钱应该同你每个月在置办衣物上投入的时间和精力相等。让我实话告诉你，在销售领域，行为举止比穿着更重要。当我工作时间很紧张时，虽然我没时间精心打扮、穿正装去工作，但销量丝毫不受影响。如果你是一名职业棒球手，难道你不会每天去棒球场刻苦训练吗？毋庸置疑，你一定会去。

无可否认的是刻苦训练可以带来巨大收获，但关键问题是大多数人不知道正确的训练方法。在考虑训练成本之前，一个更重要的问题值得深思——训练时间。如果能制订一个正确的培训计划，销售能力变得不可小觑，销量随之大大提升，那么钱的问题自然就不必担心了。你知道吗？在整个职业生涯中，大多数销售人员甚至一本销售类的书都没看过。你知道吗？肯花时间磨炼销售技能的人更是少之又少。你见过哪些人对销售方法一无所知，但是会取得立竿见影的成效？在此我向你保证，我们会量体裁衣，为你打造专属的培训方案，使你在销售界无人能敌。

如果你舍不得花钱购买销售类书籍、参加研讨会、看视频或音频节目，甚至对差旅费都斤斤计较的话，你应该好好算算如果你没有通过正确的方法训练会付出多大代价。无论你从事销售行业多长时间，总会有生疏的一天，千万不要相信宝刀未老之类的话。生锈的锯子也能砍树，但花费的时间可想而知。为了保持对销售行业的敏锐度和洞察力，你必须花时间不断磨炼销售技能。一些公司或个人的销售能力堪忧，是因为他们的培训方式错误，方法落伍，不能与时俱进。而且当销售人员面对难题急需脱困时，那些销售方法却又派不上用场。

在自己闯荡和为公司效力共计超过 25 个年头后，我明白一个道理，不管是什么培训项目，要想取得成效都必须遵守以下规则：

1. 每天坚持训练。需要阅读或收听、观看的一些影像材料的主题应该侧重怎样应对各种销售困境。不要总看一些鸡汤类的节目。

2. 训练的目的就是为了取得立竿见影的效果。想想伟大棒球选手德里克·杰特（Derek Jeter）在比赛前，是怎样在棒球练习场刻苦训练的。所以销售员也应该每天坚持磨练技能，提高销售业绩！把培训视为提高销量、增加销售额的重要渠道。

3. 销售培训应该以交互式分步进行。把每个训练项目的时间控制在 2 到 5 分钟。许多销售人员的培训均以失败告终，主要是因为他们把每个项目的培训时间拖得太长。然而，人们根本无法长时间集中注意力，所以训练效果往往不尽人意。另外，我们的互动培训网站按照人们的需求利用多媒体技术实现交互式训练，其目的是为销售人员提供非常简洁易懂、行之有效的训练方法。

4. 培训必须有章法、有成效。就像任何其他训练一样，如果毫无章法，这个过程定会无疾而终。培训后仍没有任何成效，这说明训练方法有问题。一旦出现这样的情况，你应该及时记录在案，发现并解决问题。

5. 要想取得成效，就应该把80%的培训内容、时间和精力集中在那些能被视为榜样的顶级销售人员身上，而不是整日关注那些刚入门的销售新手。如果训练内容与销售密切相关，与时俱进，不落俗套，也不是一遍一遍无聊地重复那些基本知识点，那它一定会吸引顶级销售员的注意。

6. 销售培训应该成为日常惯例，坚持下去。所有员工会议都应该涉及培训内容，销售人员应该每天自觉练习至少2到4个小项目。而且销售团队每天都应该模拟，如果遇到不同的销售情景，应该怎样机智应对。我们利用虚拟技术，增加了一个平台。销售人员可以通过该平台与我进行实时交互咨询，我会指导他们如何应对各种销售难题，促成交易。每日的训练就如同人体每天都得补充的水分一样，不可或缺。

总之，为了有所突破，你必须坚持训练，不能有丝毫懈怠；把训练当作每天的第一要务，保质保量完成。这样在需要的时候，才能派上用场。记住：我们训练的目的就是提高销量。如果你认为加入销售培训团队成本太高，不妨想想如果错失一单生意，会付出多少代价。

为你制订的训练方案

每天坚持边开车，边听销售技能培训类节目。节目主题应涉及怎样处理客户的意见，如何实时跟进顾客，及时得到顾客的反馈等。避免一些鸡汤类节目，把重点放在销售策略上。

每天观看 2 到 4 个关于怎样提高销售技能的小视频。

模拟销售情境。比如遇到特定的销售困境，应该如何机智应对。

把我视为你的私人培训师，使用我们为你提供的销售技巧。得益于技术的进步，我可以实时协助你，达成更多交易。至关重要的一点是，应该定期观看 www. CardoneUniversity. com 网站提供的资料。因为即便错失一笔订单，你也很难迅速发现真正问题所在。错误的分析会导致你寸步难行。该网站会帮助你及时发现并解决问题。帮助你重整旗鼓，再创佳绩！

第二十一章　价值 25 万美元的成功推销计划

当今是互联网时代，网络成为人们获取信息的首选渠道。越来越多的人利用互联网了解你的产品、公司甚至你的个人信息。因此，创建某种类型的网络社交平台至关重要。这不是你想做就做、不做也可的事情，更不是以没时间为借口就可以推托的事情。这件事情无法避免：你必须使用社交媒体。

社交媒体是你了解外界动态的窗口，也为那些对你产品感兴趣的人提供了便利。正如我在《勇争第一，不甘人后》(*If You're Not First, You're Last*) 一书中提到的那样，"默默无闻"比没钱更可怕。如果人们连你是谁都不知道，根本不可能草率地决定跟你合作。就算他们知道你是谁，但如果只是泛泛之交，了解尚浅，他们肯定不会在第一时间就想到与你合作。你必须想方设法让别人了解你，争取成为顾客的首选合作对象。

如今像脸书、推特、领英、谷歌+等社交平台几乎家喻户晓。随着科技的进步，新的社交平台定将应运而生。而上述产品终将退出历史舞台，被人们淡忘。今天这些名字就像早期报纸上的广告或以前在高速公路、城市街道两旁出现的广告牌一样无处不在。社交媒体，除了要花费时间，的确是一种免费宣传自己、让别人了解你的最佳手段。关键是你必须知道如何有效利用社交媒体，而不能沦为它的奴隶，被其左右。媒体社交平台在很大程度上就像酒吧或派对一样。你可能会在派对上或在酒吧里跟人谈生意，但在这种场合，你很有可能更想随意一点，开始闲聊，把生意完全抛之脑后。如果你想了解如何有效使用社交媒体，我们提供大量范例供你参考。详情请登录 Twitter@ grantcardone 或 www.facebook.com/cardonesuccess。在这里，我们将为你展示如何与他人沟通互动。你也会看到在向别人介绍我自己时，我是怎样与他们互动、沟通和交流的。

迫使你必须在社交媒体上占领一席之地的另一关键因素是你的客户或公司声誉。10 年前，如果有人感觉度假胜地的服务不周，他们最多向周围的亲朋好友发发牢骚。但是今非昔比，一旦顾客对服务感到不满，他们很可能在网上发布评论，届时，成千上万的熟人或陌生人都会看到这条评论。最糟糕的是，顾客的评论可能以偏概全，对整个度假村服务水平做出有失公平的评价。

关于你、公司或产品，只要有一两条差评，都可能导致你错失良机，品牌形象受损。鉴于网上客户不计其数，注重网络声誉、维护品牌形象至关重要。因为品牌形象直接影响顾客对你的第一印象。

像点评网、脸书、推特以及五花八门的博客等社交工具都使客户的心声被无限放大，这对你的生意也会产生潜移默化的影响。我们必须面对现实：不管好事还是坏事，最终都会能传到你的耳里或弄得公司人尽皆知。此外，与一个心情舒畅的人相比，一个心怀不满的人更愿意花费时间去发表文章。因为心怀不满的人会对自己的倒霉经历耿耿于怀，他们急需宣泄内心的不快。

无论你是谁，事业是什么，当你开始赢得别人的关注，不断获得成功时，你要明白树大招风，早晚会有人发布一些关于你的负面言论。这件事情难以避免。唯一不引起别人注意的方法是躲在岩石下，但即便如此，总有一天你也会被发现。由于社交媒体影响甚广，那些对你心怀不满的人、嫉妒你成就的人以及同行的竞争对手，若想在网上恶意中伤你，简直易如反掌。

顾客怨声载道，反对意见此起彼伏，甚至某品牌遭到恶意攻击，在商业领域，这些问题早已司空见惯了。竞争日益激烈，人们闲暇时总爱议论纷纷，出现以上问题也不足为奇。如今网络力量不容小觑，影响深远，因此维护网络声誉成为新的挑战。

关于如何处理网络上的负面评论，请参考以下几点建议：

1. 把网络声誉当作个人名誉一样珍视。应对网络攻击就像处理别人对你进行人身攻击一样。面对网络攻击，千万不能逃避，更不可将其视为儿戏，满不在乎。你要时刻谨记，没有什么比个人名誉还重要。

2. 把所有负面评论视为提升自己的机遇。客户的投诉、批评和不满意（除了恶意诽谤）都该被视为提升自己的机会，而不是麻烦。如果处理得当，之前还愤愤不平的顾客可能转眼就成为你的忠实粉丝。负面评论也会随之消失，顾客也对你的做法称赞有加。在公司，我始终奉行一个政策：一旦有顾客向我们提出意见，我会亲自向这位顾客了解详情，并加以改正。我的目标只有一个，就是为每一位顾客化解难题。

3. 及时处理，切忌拖延。越早处理这些负面言论越好。及时做出回应，会让明白事理的人觉得你很在意他们的想法。不要试图直接让他们删除负面评论，更重要的是向客户了解情况，及时想出解决方案。"你好，我看到了你在网上的评论。首先向你说声抱歉，请问你现在打电话方便吗？我想跟你了解一下相关情况，看看有没有可以效劳的地方。我不太了解事情缘由，烦请你说明一下，以便及时消除你的困扰。"如果处理得当，大多数人都会大肆夸赞你的机智。

4. 直接沟通。不要在网上公开回应那些负面言论，这只会把事情越闹越大。无论与谁沟通，最好是直接发短信、打电话甚至亲自登门拜访。沟通时，切忌一味忏悔自己的错误，重点应该让当事人知道你想怎样为他们排忧解难。

5. 积极主动。维护名誉的最好方法是积极争取而非坐以待毙。想方设法收集关于你或公司的一些正面帖子、感言，甚至视频。想办法让合作伙伴帮你宣传。积极宣传你的善举、努力和贡献，这些都会使负面言论不攻自破。如果你想知道如何建立一个强大的社交媒体声誉，请致电我们。

6. 了解自己的不足。虽然我相信客户的抱怨有时也是良机，但是你必须要分清哪些人值得你争取，哪些人必须远离。有些人的真正目的就是不断消耗你的时间和精力。他们就像吸血鬼一样，吸光你的精力，丝毫不在意问题的解决方案。还有一些人无聊至极，就想四处发泄他们心中的不满而已。一旦发现以上这类人，就要尽快避而远之，不予理会。

把网络声誉当作个人或集体名誉一样珍视，至关重要。你要明白有人对你心存不满、发表负面评论只是时间问题。这些评论很可能夸大事实，甚至纯属子虚乌有。这就是现实，欲戴王冠，必承其重。得到的关注越多，必须承受的非议越多。

保护网上声誉，必须清楚想让公众了解真实情况，你应该做些什么。优先考虑这个问题，并积极主动采取必要的行动！

最后一点，大家通常以没有时间为借口拒绝使用社交媒体。而且，我同意，你的确不能像99%的用户那样把时间耗费在社交媒体上。但是，你必须学会充分利用社交媒体，节约时间，提高办事效率。你必须抓紧时间，让别人熟悉你，尽快建立一个强大的社交媒体声誉。我个人建立了三个脸书网页，一个推特账号和一个谷歌＋账户。做这些并不是浪费时间；你只是还不知道该怎样高效利用这些网络媒体罢了。

价值25万美元的成功推销计划

价值25万美元的成功推销方案："为了成功而工作，并不是为了工作而工作。"

上午：

6：00 起床（无论今日有何行程，都需提前两小时起床）

　　　制订长期目标

　　　练习销售技能，收听/观看激发人心的训练视频（切忌过量）

7：00 精心打扮，穿着得体

　　　利用驾驶时间学习（内容与销售训练相关）

　　　在外面就餐（引起潜在顾客注意）

7：45 尽早到办公地点

　　　制订一个短期目标的作战计划

　　　召开日常销售会议（内容简洁精炼，最多20分钟）

　　　列出今日之前能够争取到的重点客户清单

　　　召开盘点交易记录会议：盘点以往交易清单，留存案底

　　　按照计划，不懈努力

　　　每天都保持同样的热情，争取潜在客户（无一例外）

　　　给五位顾客打电话，调查顾客的服务满意度

　　　及时处理上周的电子邮件/电话

　　　传真回访上周潜在客户

中午：

　　　打电话预约重要客户吃午餐

　　　与顾客一起吃午餐或者在容易被他们发现的地方活动

下午：

1：00~5：00　主动出击

　　　　　　给五名顾客发送邮件

　　　　　　向近十天内保持联络的客户发送邮件

給朋友发送五封邮件

给合作伙伴发送五封邮件

寄出五张生日卡片

一天结束之前，亲自在办公室会见客户

5：00~8：00 会见那些有预约或未经预约前来的客户

在一天结束之前，处理各种来电事宜

8：00~10：00 制订明日工作计划

回家，全心全意对待每一个人

不要看电视

制订接下来一周的首要联系人员名单

再次制订长远目标

好好睡觉

专业销售员的每日承诺

我一定按时完成每日计划！

我一定竭诚为每位顾客服务，有问必答，有求必应！

我一定全力以赴，永不言弃！

我一定满足甚至超过顾客的期望！

我一定专心致志做事，一丝不苟！

我一定牢牢把握每次机遇！

我一定坚持跟踪回访每位顾客！

我一定恪守道德规范，严格要求自己！

我承诺在需要的时候做出改变！

我承诺每天三省吾身！

我一定每天坚持训练！

我坚持做正确的事情！

我坚持做一名最积极向上，乐观开朗的人！

我承诺不为失败找借口，只为成功找方法！

我一定为梦想努力拼搏、全力以赴！

十条销售戒律

1. 充满自信，积极向上。

穿着得体，焕发自信魅力，行为处事要充满自信。永远保持积极乐观的心态，争取成为客户心目中最阳光向上的人。

2. 为了成功，精心打扮。

3. 发现商机，主动出击。

顾客自己不会促成交易，这件事应该由销售员做。如果你把它扔给客户，永远不会有订单主动送上门来。如果你无法洞察商机，也不会促成交易。你必须实时观察，发现商机，才可能达成交易。你必须明白，促成交易是你的职责，只有通过你的努力才能使客户购买你的产品，实现产品所有权转让。如果你无法发现商机，交易注定与你失之交臂。

4. 亲身体验，才有资格销售。

这在销售中至关重要。如果你不能促成这个买卖，就赚不到钱！我见过一些销售人员，他们自己都没用过自家推销的产品。身为销售员，怎能如此？这样的话，怎么能指望顾客会购买你的产品？每周我都会列一份清单，写下我的产品值得顾客拥有的原因，以及如果投资该产品将会获得哪些收益。

5. 提出真诚的建议。

你的宝贵建议大都与产品本身无关。待一切买卖手续完成后，你会为顾客提供诚挚的建议吗？你需要了解顾客的实际需求——这样才能对症下药，采取行动。

6. 尊重顾客的意见。

如果顾客与你意见不合，不要与之争论，要懂得尊重并理解顾客的想法。即使顾客的想法不对，与之争个面红耳赤也毫无裨益。记住：一定，一定，一定要尊重顾客的意见："对，没错！""我理解你！""我尊重你的意见！"通常情况，认同顾客的想法总好过与之争辩。有时候，一句"我可以理解你"足矣。

7. 让你的产品看起来物超所值。

谨记：一定要让你的产品看起来物超所值。没有人愿意花 20 万美元购买一件价值仅仅 20 万美元的产品。人们都想用 20 万美元买到他们认为其价值远远不止这个价格的产品。精心包装你的产品，让它们成为顾客生活中不可缺少的产品。

8. 争分夺秒。

如今 21 世纪的顾客，时间十分宝贵，就算购物也行色匆匆。因此，我的目标是尽量在短时间内促成更多交易。投机取巧只会浪费更多时间。在顾客身上耗费的时间再多，也不能保证达成交易。事实上，如果一直对客户死缠烂打，反而会适得其反，还会错失其他交易，损失一笔财富。找时间与客户在一起，了解客户需求，投其所好，才能节省双方的时间。

9. 假设交易完成。

"请跟我来，我来向你展示，如何不费吹灰之力就开启新生活。""如果你感到迷茫，没有其他安排，那就随我来吧。"身为销售人员，不要过多赘述，问顾客一大堆问题。让顾客难以拒绝你的唯一办法就是，直接引领他们寻找心中所爱。"请随我来"和"在这里签字"这两句话对销售人员而言，最掷地有声。

10. 坚持到底，促成交易。

直到促成交易，对顾客而言，你才发挥了价值。大多数销售人员从来不竭尽全力促成交易，他们总是半途而废，只能无功而返。"请在这里签字"是达成交易的标志语。能否应对各种场合，处理各种难题是成功与否的关键！

第二十二章　攻克销售难题的 27 个绝招

我们做了一项调查，想了解销售人员面临的最大难题是什么。本章主要就这一问题的回答做出了以下总结。不管你有没有遇到类似的问题，你一定也对销售员的回答比较感兴趣吧。另外，关于他们提出的每个问题，我都给出简单的评价与思考。

拒绝

坦白讲，遭受拒绝不是只有销售人员才会面临的问题。它是人们生活经历的一部分，也可能是以前遭受过拒绝的人产生的某种错觉。没有人喜欢被拒绝，这再正常不过了。我从未遇到喜欢被拒绝的人。同样地，如果你认为可以免遭拒绝，对不起，那你就大错特错了。

假如你想要一个东西，然后请求某人帮你得到它，如果这个人说"不"，其实你就遭到了拒绝。这时候，你有两个选择：一是直接放弃，失望地离开；二是坚持到底，想方设法让那个人帮助你得到心中所想。

比如，一个无家可归的人请求别人收留他时，会遭到拒绝吗？可能会。或许这个无家可归的人应该稍加注意自己的言行。一个富家子弟想和心仪的女孩约会，但是这个女孩说"不"。这个男孩是被拒绝了吗？或许这个男孩应该注意他的措辞，不应该表现得像纨绔子弟想要什么就能得到什么一样。你可以看到，在此，我举了两个比较极端的例子，他们都遭受了拒绝。

我认为拒绝是每个人都会有的情感经历，一般情况下如果一个人没有信心得到心中所想，就会有这种挫败感。"我没有如愿以偿，得到心中所想，因此感到十分难过。然后一种挫败感油然而生，感觉自己被拒绝了，表现得像个无辜的受害者。"其实你并没有被拒绝，这只是你的错觉而已。

当你遭受拒绝时，如何应对才是关键。试图逃避此事，注定以失败告终，因为你必须面对现实。如果别人一旦对你说"不"，你就立刻垂头丧气、斗志全无，也无心再提供任何服务，这样的话，你只会白白地错失良机。当顾客对你说"对不起，我们不需要"，"不好意思，谢谢你"，"我们已经从别的地方买了"这些话时，你是不是感觉自己被拒绝了？其实，这只是你无法实现预期目标，挫败感油然而生，造成了一种被拒绝的假象。

如果别人对我说"不用了"，我并不认为自己被拒绝了；我并不会因此一蹶不振，我会反思自己的行为举止有何不当之处，不断提升自己，争取下次有机会与他们合作。怎样能提高工作效率呢？怎样争取到顾客，促成交易呢？没有人会直截了当地跟你说："对不起，我拒绝你。"他们只是暂时拒绝了你的提议，并不是拒绝你。只是你自己感觉被拒绝了而已。总之，有时候被拒绝只是那些没勇气为结果负责的人给自己的一种错觉罢了。

消极的环境

这是销售人员抱怨得最多的一个问题：整日被消极环境包裹着，无法呼吸。政府政策一旦宽松，人们的购买力就比较强。然而，一旦经济下滑，人们的购买力就会立即下降。这也使得销售人员明白一个道理：销售行业，并不总是顺风顺水。

但是你需要做的就是，坐在电视机前看看，其实大千世界到处充满消极因素。消极因素无孔不入、无处不在，是因为它就像一种传染病，四处蔓延，影响到环境周围的每一个人。在销售过程中，一旦你变得消极被动，就很难集中注意力，工作效率也会随之下降。客户最不想跟消极被动的销售员打交道。一旦业绩不佳，销售人员很容易变得消极被动。我始终相信，任何客户都愿意享受贴心周到的服务，面对积极向上、乐观开朗的工作人员，而不是只在意优质的产品。

若想在销售领域制胜，关键是保持乐观向上的态度，创造积极主动的工作氛围。这不仅要求你自身一定要乐观开朗，还必须杜绝一切外界干扰。相信我，你从各大媒体平台和客户身上听到的负面言论已经够多了，你就不要再受亲朋好友负面情绪的影响了。

必须让人们都知道，你拒绝一切消极的言论和思想。在办公室张贴警示语："禁止任何人在此地宣泄情感垃圾。"无论面对谁，关系多亲近，你一定要立场坚定：此地禁止一切消极言论。如果你满身负能量，请离开。等你调整好情绪，欢迎再次光临！如果有销售人员总是对顾客挑三拣四、发布负面言论，应当被视为违反公司规定，理应接受管理层的惩罚。如果有人发布关于你的产品线、公司或管理层的负面言论，应立即表明此人是集团的敌人，也应被视为你的敌人。如果一个人不能提供实质性建议，却只知道抱怨，那他就是你、公司甚至可以说是他自己的敌人。

纪律

无论做任何事情，若想成功，必须日复一日、年复一年地坚持做正确的事。如果一个人、一家公司或一个团队无组织、无纪律，他们的命运也终将起起落落。

在销售领域，缺乏规则纪律，就会影响你的表现，让你动力不足、无法准确预测事件动态。跟踪回访顾客这项工作也做得不到位，更别提不断挖掘潜在客户，增加资源储备了。一切事情都毫无章法可言，注定什么都做不好。由于许多销售职位都是根据业绩好坏决定的，所以销售一行缺乏纪律约束。很多销售人员觉得自我管理能力超强，因此存在侥幸心理，做一些不合规矩的事情。经济收入将惩罚这种盲目自信的人。若想取得成功，必须按规矩办事。这就是我给你安排时间表的原因。

对一个销售人员来说，日历洁白如新并不是好事。你一定要把自己的日常排得满满的，忙起来不要虚度光阴，勇往直前。按规律办事是你每天睡觉前，第二天睁开眼后，开启崭新一天的第一要务。按规则办事，在销售领域至关重要。因为，该行业琐事繁杂，必须有章可循，做事才能有条不紊。获得成功的概率才更大。

经济

经济的好坏，是广大销售人员和组织最为关心的要素。当经济繁盛时，消费者和公司的购买力都强，销售行业因此一片光明。但是，经济势头良好，对卖家而言，竞争更加激烈。当经济开始紧缩、一片萧条时，销售行业也开始不景气，因为人们现在都会勒紧裤腰带过日子。

经济萎缩时，我的销售业绩反而更上一层楼。因为，我会充分利用其他技巧占得先机：如工作高尚的职业操守、自律自强和积极乐观的工作态度。这些都让我在销售行业独占鳌头。当人们都因为惨淡的经济自怨自艾时，我却依然可以吃穿不愁。经济不景气时，人们往往因为错误的判断造成许多失误。

尽管经济萧条时，消费和投资水平都会下降，决策也容易失误，银行的贷款会更加严格等等，但在此时，也恰恰是出色的销售人员利用专业技能拔得头筹的大好时机。如果从事销售行业很长时间，经济的大起大落你一定都见识过。无论什么时候，你都要时刻做好准备。在销售领域，无论经济景气与否，你都可以独树一帜，再创辉煌。无论经济状况如何，你都要抓住机遇，把握先机。

竞争

在研讨会上，总有人问我："有的卖家销售的产品与我的产品外表相差无几，质量堪忧，但由于价格低廉却总是更胜一筹，我应该怎么办？"我回答说："其实那些产品质优价廉的卖家才是你真正的竞争对手，不是吗？"

要我说，为什么要竞争？不要竞争；只要把自家的产品、公司和服务做得有声有色，顾客自然会光顾你的生意。如果你的产品没有特色，顾客自然会选择物美价廉的产品。任何产品都会过时！迟早有人生产出更经济划算的产品。到那时，你的销量会更加惨淡，业绩不容乐观。

在《10×法则》一书中，我就谈到只有那些胸无大志之人才只想着跟别人一较高下。你应该斗志昂扬，争取在一个领域独领风骚。我们的目标是关心顾客感受，实时跟踪回访，提供最优质的服务。一定要想尽一切办法不走寻常路，独具一格才是制胜法宝。此外，一定要真心实意地为顾客提供宝贵意见。

一位客户曾经跟我说："跟某某做交易可能更经济实惠。"我说："我们根本没有可比性，请你放心，我的产品绝对只此一家。"随后他二话没说，立马就签字了。所以打造自己的产品特色才是最重要的。

扩充产品知识

如今产品更新变化速度之快，让人们望尘莫及。无论是餐厅的菜单，杂货店里的 38718 种产品，都跟随时代进步不断做出相应的调整。不管是抵押贷款或金融理财产品，或是科技进步导致大批量产品制造的相关条例也在与时俱进，不断完善。掌握实时产品信息，对销售人员来说是一个巨大的挑战。

无论从事什么职业，销售什么产品，都必须不断创新、与时俱进、紧跟时代潮流，才能吸引顾客。那么，怎样才能紧跟时代步伐呢？销售人员必须坚持不懈、努力学习、与时俱进、不断制订新的营销方案。

如果你不能持之以恒、不断丰富自己的知识，就会被时代抛弃。经验不足，学识不够只是为失败所找的借口罢了。如果你不肯花时间学习、紧跟时代脚步，注定会因为失去顾客信赖而痛苦不已。最后，如果你高估了自己的知识量，觉得自己无所不知，你一定会摔得很惨。随着互联网的发展和普及，90% 的买家都会在网上寻找合适的卖家和投资项目。

互联网时代，可靠信息与虚假信息交错并行、鱼龙混杂、难辨真伪。但好消息是，仍有许多顾客希望参考销售人员的建议，做出明智的决定。不要深陷产品知识的泥潭无法自拔。但是，一定要掌握足够知识，才能赢得顾客的信任，实现自身价值。记住，很少顾客买了钻孔机是为了将其束之高阁。他们购买钻孔机是为了打洞，解决实际问题。

跟踪回访

这是销售人员和组织最大的弱点。通常情况下，与公司或个人交易结束后，很少有人对我做跟踪回访调查，或许只有一两次。然后我就被抛之脑后，因为他们认为这纯属浪费时间，最后便无疾而终。

我的公司在跟踪顾客体验方面做得也不够尽善尽美。至今已经研发了成千上万的客户关系管理（CRM）工具，只为攻克这一难题。有些公司甚至聘请电话咨询专员专门负责跟踪回访顾客。

我认识的最优秀的销售人员都对跟踪回访顾客很在行。他们擅长与顾客保持密切联系，总是能想出一些新颖奇特的点子给新老顾客留下深刻印象。首先，最重要的是跟踪新顾客，这是一项极具挑战性的任务。其次是那些还未深入合作的潜在客户。再加上那些从其他卖家购买了相同产品的顾客。你认为你所熟识的人、公司或客户经理对你的产品没有表现出丝毫兴趣，会来购买你的产品吗？

跟踪回访顾客时，面对不同的人群要采取不同的策略。在此过程中，你一定要目标明确，才不会无功而返。我对一些市场的确不感兴趣；我要竭尽全力做到最好，绝不放弃任何一位顾客。跟踪回访顾客需要销售人员坚持不懈、永不言弃。在此过程中，还需要有不竭的热情、积极乐观的工作态度、别出心裁的想法，做事还必须有条理、主次分明。

我在一些客户身上整整用了十几年的时间，才争取到了与他们合作的机会。写这一章时，我突然想到有些潜在客户的生意仍然有待我努力争取：比如一个图书出版商，一个拥有3400多家企业的汽车公司老板，一家我特别想合作的国际生产公司，等等。不要放弃，做好跟踪回访顾客，与他们保持密切联系，没准哪一天他们就会成为你的忠实顾客。

坚持不懈和不拘一格至关重要，但更重要的是时刻关注顾客的感受，不可对其不屑一顾，对其需求置若罔闻。如果你对顾客置之不理，他们也会将你抛之脑后。你应该还记得我之前提到的人生中最成功的一笔销售业绩——几经周折，终于争取到和心仪女孩（之后成为我的爱妻）约会的机会。这次机会来之不易，正是我别出心裁的相处最终赢得她的芳心，如今我们终于可以共度一生、永不分离。

井井有条

对我来说，要想把凡事都安排得井井有条、清清楚楚绝非易事。因为我的日程特别紧凑，每小时的行程大概200英里。日常事务繁杂，活动一个接着一个，还有好多事情亟待解决。这意味着我必须找人为我合理规划行程，帮忙处理一些琐碎的事情。由于每天连轴转，即便有人帮我打理日常事务，我也并不喜欢这种被别人安排的感觉。

我喜欢井然有序的感觉，因为这让我感到自己的组织力和控制力很强。我特别享受运筹帷幄的感觉。合理规划、安排事物的技能会让你收拾行李时游刃有余，不管有多少东西，你也能规规整整地放到里面。旅行时，你就会知道如何精简行李，轻装上阵。组织规划能力让我做事更有效率，短时间内联系更多客户，而且一切尽在掌握之中。做事情有组织、有规划不等于行事慢慢吞吞、效率低下。

做事有条理非常重要，这样才能及时发现目标，跟进了解客户需求，才能投其所好。如今帮助你培养组织规划能力的软件，比如顾客管理、文件归档、客户跟进等等辅助工具层出不穷。然而，关键问题是怎样才能充分利用这些工具，提高工作效率。这些软件只能帮你把所有资料都储存起来，你仍要学会怎样快速抽取所需信息。

组织能力是销售人员的必备技能。所以你必须把每一个潜在客户的手机号码、电子邮件地址、照片以及助手的名字都铭记于心。包括潜在客户的个人喜好、在意的东西以及家人的背景情况都要了然于心。无论与顾客互动的结果如何，都不能随意丢弃这些重要资料。即使不干销售这行了，也要与他们保持密切往来，或许在未来你还是会用到他们。

有没有能力合理安排时间，展示你的想法；能不能管理好客户，营造良好的工作环境都是影响成功的重要因素。

不愿意给顾客打电话

我们可以看到，许多销售人员都以不想打电话为借口，拒绝主动联系客户。多年来，许多销售人员一提到给客户打电话就头疼不已。

当你不想给客户打电话时，就会做各种与之无关的事情打发时间。比如，看看文件、整理一下办公桌或文件、算算自己可能会赚到的佣金、数数钱、东拉西扯或是在饮水机旁闲逛等等。没有什么比不给顾客打电话给销售人员带来的损失更为惨重了。

身为销售人员，不情愿给顾客打电话，归根结底是因为你缺乏动力和训练。当你知道该怎么做、该说些什么，怎样处理顾客的意见、怎样才能约到顾客见面等等一切难题都不在话下时，给顾客打电话也会变成轻而易举的事情。无论从事销售行业多长时间，学习给顾客打电话都是一门必修课。

在那些积极主动、定期参加培训尤其是从不间断训练的销售人员看来，给顾客打电话这个问题并不会成为他们的困扰。不愿给顾客打电话，并没有什么大惊小怪的，这并不代表你不适合干这一行。不愿打电话说明你缺乏培训、激励和锻炼。加强学习和训练，你一定可以信心倍增，攻克这一难题。

不断挖掘潜在客户，完善销售链

在某种程度上，销售堪比数字游戏。如果你的成交率是100%，那你只需要给一位顾客打电话，促成交易，就可大获全胜。谨记：时刻完善销售链是成功的关键。

你不应该只看重谁最近销售业绩不错，更重要的是把握销售的每一个环节：成功出售、未售出、输给了竞争对手、订单、下个季度才购买、推荐以及再次销售等等。其中我从销售人员或组织里发现了一个十分常见的错误：一旦促成交易，就沾沾自喜，忽视了对其他销售环节的把控。在销售领域，有时候你失去了一位客户，但是由于你没有及时总结反思，在之后的交易里一定会重蹈覆辙。所以说，一定要不断完善和提高销售流程，对每一个环节都严格把关。

要说服一个人实属不易，需要做很多工作，然后马上找人代替他或她也绝非易事。在我的《10×规则》一书中，我经常提到，人们总是低估要想成功、永远立于不败之地所需付出的努力。征服某事物是一回事；要想留住它就另当别论了。在销售中，你需要不断挖掘潜在客户，这样你就不会过于依赖任何一位客户。没有做到这一点的销售人员往往容易患得患失。有一次，一个同事给我打电话抱怨一位顾客取消了预约。我立即告诉他："如果你的储备客户已经人满为患，你会因为这位客户的爽约欢呼雀跃，而不是郁郁寡欢。"你之所以垂头丧气，并不是因为他失约了，而是因为你没有挖掘足够的潜在客户！

不要放弃，一定要不断挖掘潜在客户。这样，假如情况有变，你也能泰然处之。

促成交易

对于销售人员而言，与顾客协商、促成交易可能是另一大难题。我认为这是销售人员面临的最大问题，因为其实促成交易并不等同于销售。如今，怎样促成交易俨然被当成一种销售技巧被教授。促成交易只是销售的一个外延，实则为一种完全不同的艺术。

销售过程是洞察顾客需求，投其所好，然后向顾客展示为何你的产品或服务能解顾客燃眉之急。促成交易是说服买家购买你的产品，实现产品价值的转移；这样买卖双方就实现了互利共赢。

我见过一些销售人员，特别擅长与人打交道，讨顾客欢心。他们让顾客对其产品或服务特别感兴趣，对所有销售人员的必备技能都烂熟于心。但是，如果不能促成交易，他们终究是一败涂地。

出色的销售人员都知道，若想在这个领域闯出一片天地，必须花时间训练谈判技巧，学会怎样迅速高效地促成交易。这样他们便能在交易结束前，抓住机遇争取说服顾客投资该产品，而不仅仅是购买这件产品就万事大吉了。就像一个人虽然会摔跤，但绝不意味着他有资格参加终极格斗冠军赛（UFC）。促成交易是一门艺术，用心学习，任何人都可以掌握这项技能。促成交易需要掌握大量的技巧和策略。

从事销售行业数年，我最明智的决定就是致力于学习这项技能，因为他为我带来了巨大收益。如今，我已经开发了许多软件，人们可以充分利用这些软件不断习这一本领。请登录 www.ClosefteSaleApp.com 上查看相关应用程序。同时，敬请阅读《销售人员生存指南》（*The Closer's Survival Guide*）第一卷，那里包括了 126 个如何促成交易的相关案例。该书的另外两卷正在撰写，即将出版。另外，如果你对视频教授法比较感兴趣，可以访问我的虚拟训练网站，里面提供了 300 多个相关动态视频点播。

打电话却无果而终

从事销售行业这么多年，我拨出的电话不计其数，得到的回应却屈指可数。你必须明白，人们没有给你回电话并不意味着对你或你的产品丝毫不感兴趣。或许有时候真的是不感兴趣，但也不排除其他原因。也许他们没有收到你的信息，也许他们忙得不可开交，或者他们只是觉得你要求必须回电话，这种要求很不礼貌。

就我个人而言，不管对来电的人或事感兴趣与否，我都会尽量给人家回电话。如果我没有时间处理，就会派我的助手一一回复，查探详情。即便我对某些事情不感兴趣，我也会让助手通知到位。我只是认为，彼此之间保持沟通交流至关重要。我认为如果切断一切沟通渠道，总有一天我会错过一些重要的事情。

我总是会竭尽全力处理那些来电事宜，尽快给人回复电话或电子邮件。这并不意味着别人也必须这么做。当别人不给我回电话的时候，我从不胡思乱想。我给别人打电话的时候，总会留言。不管他们是否回复，然后都会尽力再给他们打电话。切记：如果有人没有回你电话，不要妄加揣测他们的心理。

给顾客打电话 + 留言 + 没有回电 = 未知

虽然你并不知道客户没有回电话的真实意图，但是可以明确一点，这说明你仍需要继续打电话、发短信、发邮件或者亲自登门拜访，直到搞清楚没有回电的真实原因。客户现在对你不感兴趣，并不意味着以后不需要你。仅仅因为顾客并没有在本周或下午及时给你回电，你就想着放弃这些顾客，自此以后不闻不问，简直就是大错特错。

不要因为顾客没有及时回电而耿耿于怀，更不要因此责怪顾客。你必须明白这并不是顾客的责任或义务，你没有权力要求他们这么做。这些后续工作都应是你负责的工作。你可以想其他办法联系顾客，形式越有创意越好，只要你不放弃，顾客终会有所回应。试着尝试其他通信方法，改变通信方式——一定要别出心裁，不拘一格。如果发电子邮件不奏效，就尝试发快件。如果仍不管用，就打电话，实在不行就登门拜访。如果这些方法都没用，我就把相关人士列入"待访名单"，然后问问其他客户能否帮助我联系名单上的顾客。有时候真的没准哪天问对了人，就联系到那些顾客了。谨记：放弃，终会一无所获。你没有理由责怪顾客没回电话，联系顾客是你应尽的职责。不要怨天尤人，无论结果好坏都源于你。

恐惧

恐惧的神秘之处在于它虽然虚无缥缈，却无时无刻不影响人们。我承认，当你恐惧时，这种感觉是真真切切的，但是恐惧本身的确不存在。这种看不见、摸不到的无形力量叫作恐惧，有时这种力量的确会激发人的潜能，但更多时候，人们一旦感到恐惧就会止步不前，无所作为。这的确是一种神奇的力量，对吧？在销售领域，恐惧会扼杀你成功的机会。但这里有一个克服恐惧的秘诀：即用行动战胜恐惧。只有采取行动，勇往直前才能将恐惧这一怪物彻底击败（这种说法很有趣）。

我每次都把恐惧视为催化剂——一旦恐惧感来袭，我就知道有些事情我必须面对。请注意我的措辞："我会充分利用这种力量。"但绝不是被这种力量击败。恐惧虽然是无形的力量，却异常强大。但是，我内心足够强大，从不会被恐惧击垮。我能克服恐惧是因为，即使我也害怕，但我绝不退缩，越是害怕什么，越努力尝试。你可以试着问自己："我真的可以克服恐惧吗？""越害怕什么，越是努力尝试。慢慢地，你就会习以为常。凡事一旦习惯，就不再恐惧了。"在新的一天开始之前问问自己："今天我最害怕拜访的人是谁？"这个人就是今天努力的方向。记住：越是害怕的事情越要努力尝试，这样你会越战越勇。

勇气需要不断培养，并不是与生俱来的。只要你永不退缩，不断磨炼自己，每个人都有能力变得坚不可摧。迎难而上，你会发现没有什么挑战不可战胜。你会越战越勇，不断尝试新的挑战。因为，嘿，这样做其实真的很有趣。而且，只要你勇往直前、无所畏惧，所有的努力终不会被辜负。

在我 45 岁的时候，未婚妻原本认为带我体验人生第一次跳伞会让我大惊失色。她之前有过三次跳伞经历，并且想通过这样的惊喜把我吓得心惊胆战。我不了解跳伞的首要步骤是什么，所以她想看到我陷入恐慌、狼狈不堪的样子。如果你问我到底害不害怕，我一定会给你肯定的答案，但我一直在告诉自己："就算惊慌失措，也无济于事，降落伞照样不会打开。"跳伞最折磨人的环节是逐渐上升到 1 万英尺高空的整个过程，我估计自己也许会在此次跳伞中因意外而丧生。在 20 分钟的时间内，我想了所有可能发生事故的地方，但我依然不断地告诉自己："为了战胜恐惧付出的努力越多，你就会越有勇气。"恐惧不会帮你解决任何难题，毫无用处，而且即便你再害怕，闭合的降落伞照样不会自动打开。

我环顾四周，看见了在我身边自信美丽、温柔大方的未婚妻，她注视着我，等着看我笑话，看我吓得屁滚尿流的傻样，但我并没她想象得那么胆小如鼠。即使我内心真的非常恐惧，但我依然向她表现出一副无所谓、天不怕地不怕的样子。她伸出手来感受一下我是否在心跳加速，希望我的内心不会说谎，告诉她实情。其实在此之前，一切都正常，直到他们打开机舱门，人们接二连三地向下跳时，我才开始心惊胆战，心跳加速。埃琳娜走近机舱门，对我说："地面上等你哦，性感男神"，说完便早我一步跳出去了。那时才是我真正恐惧的时候，因为我什么也帮不上她，真的无能为力。

当看到她在天空中美丽地飞过时，我恍然大悟：这次挑战我一定要成功。我并没有缩手缩脚，也没有不敢接受挑战，而是战胜了内心的恐惧，付出了实际行动。我拒绝因恐惧而止步不前。我拒绝做恐惧的奴隶。我拒绝受到恐惧的全权掌控。因此，我化恐惧为行动，勇敢地冲出了机舱。正因为利用了恐惧带给我的力量，所以我才鼓足勇气采取行动。何况我心仪的女生已经勇敢地跳下去了，那接下来我该怎么做呢，临阵脱逃吗？当你克服恐惧成功做成某事时，你会体验到前所未有的满足感。当我在空中慢慢坠落时，便没了任何放弃行动的想法，只想着一路前行，不畏艰难险阻。后来，跟那位美丽动人的女士结婚时，我向她保证，以后我会克服内心的一切恐惧，勇往直前，并且会为了我们的将来不断努力。

销售生涯和生活中的恐惧应该对你需要努力的方向有所指示，并激励你对必须做的事情付出行动！克服内心的恐惧只是一次锻炼的机会而已，这会增加你的自信，也有助于事业更上一层楼。它其实只是一个简单的决定。所以，从现在开始，把这个习惯培养起来，了解并确认自己害怕做什么，以及你不敢拜访哪些人，这就是你采取行动的第一步。我向你保证，很快你就会建立起对专业销售员至关重要的自信。就像在健身房始终如一地锻炼一样，你会突然发现自己的"恐慌"肌肉真的很强大，尽管恐惧不会让你强身健体，但一定要采取行动。因为，它会激励你加强锻炼。

客户的情绪

当面前的潜在客户高度情绪化，而且将要情绪失控时，你要知道自己正一步一步地向完成交易靠近。面对这种情景，不要太把它当回事，不要对此做出任何反应，也不要跟客户一样情绪激动。你必须了解，人们的高度情绪化往往代表着他们越来越接近于达成交易。关键是要保持理性，内心平静，收集人们往往何时会情绪化的信息，不管你要面对什么，接下来一定要坚持下去完成交易。其实情绪远没有人们想象的那么可怕。一个人可能因为你提供的建议是他预算的两倍而怒气冲天，便对你大吼大叫"我告诉过你，我只能支付得起……"那他是在生自己的气还是生你的气？如果预算加倍是最好的解决方法，那不要理睬他的情绪爆发，你只需要理性地处理问题即可："约翰先生，我知道这已经超出了你预算的一倍价钱。请允许我向你解释，为什么我明知道你只能支付得起……却依然还向你推荐这款产品。"切记，一定要沉着冷静，保持理性。你要相信当客户幡然醒悟之后，爆发的情绪会立马烟消云散。

每个人都想尽可能地做最好的决定，所以当你让他们决定是否购买自己的产品时，要知道是你唤醒了他们内心深处以往的恐惧、失败和沮丧。你可能将他对产品的不满与支付不起该物品混淆了，而这仅仅因为他在你面前爆发了情绪，甚至对你指手画脚，即便这样，也并不意味着他是真的对你不满。情绪爆发通常不是个别的情况；这是每个人都会经历的事情。有些人可能会生闷气，有些人则会通过语言将不满的情绪释放出来，在此过程中，他们也许会经历各种各样情绪的变化。

有人不高兴时，你也不能停下追求达成交易的脚步。你必须坚持不懈地帮助他们，因为你就像湍急河水上的专业指南，一定坚持引导他们渡过汹涌湍急的河水。你打破了顾客内心的平静，在他们心中的河水激起了层层浪花，才导致他们开始抓狂。你应该让每个人都保持镇静，相信"白色浪花"不会永久存在，很快你就会站在风平浪静的彼岸。同样，你也想引导你的潜在客户感受一下整个销售流程，度过这些紧张、艰难、情绪化的时刻，引导他们恢复心平气静、身心愉悦的状态，从而心甘情愿地购买你的产品。

你应该义不容辞地用这种方式帮助你的潜在客户！当客户情绪失控时，你一定不要乱了分寸。当别人暴跳如雷时，你要反复练习保持镇静。这项技能人人都可获得，只不过它需要不厌其烦地练习。对大多数人而言，最大的问题是遇见某人情绪失控时，他们往往会被抛向一些之前未解决的问题，当时别人对待他们，丝毫没有理性可言，反而情绪化非常严重，以至于问题变得糟糕至极。这种情况下，最重要的是，事情发生时你一定要就事论事，只处理当前的问题；否则，你便不能理性地解决这个难题，而且如果你不能保持理性的话，就不能想出绝佳的解决方案。情绪并没那么重要，于创造未来而言，过去的生活毫无价值。总之，在客户情绪失控时，作为销售员，你一定要心平气和、保持镇静，还要学会如何保持理性不冲动。

销售中的消极内涵

销售或销售员这一话题自带消极内涵的唯一原因是，不称职的销售员从来不会投入时间精力让自己成为真正的专业人士，也不会做任何努力精益求精。这种对销售职业的不尊重，源于他们不理解销售员在经济中举足轻重的地位，也不理解专业销售员与普通销售员有何本质区别。一位真正的专业销售员百毒不侵，不会受到任何消极因素的干扰，因为他是全力支持者，能力超出一般人的平均水平，能驾驭得了别人都无法掌控的局面。专业销售员明白，销售其实就等同于服务，他/她完全信赖自己的产品、服务、公司，并且认为个人之所以会推销此产品，提供此服务，效劳此公司，绝对不只是为了"得到佣金"。一位真正的销售人员，其推销的出发点，是真心实意帮助他人。真正的销售员实际上是被所有与他接触过的人所赞赏敬仰的，而且客户和同事也经常会为他的成功庆祝喝彩。

如果你感觉自己在销售中受到了消极内涵的影响，那你需要重新思考一下自己现在所做事情的目的是什么，以及销售作为一种职业对整个经济发展的重要性是什么。重新阅读本书概述和第一章的内容，以此启发你的目的感！我个人认为销售是最崇高的职业之一，因为当人们在销售中心怀善意，妥善处理完事情之后，便又成就了一个非常独立、自力更生、内心强大、乐于助人且外向开朗的销售员，他们的能力确实高于大众水平。一位真正的职业销售员能够快速适应各种环境，结交很多朋友，热心帮助他人，将混乱的局面归于平静，并引导顾客采取行动购买产品。出色的销售员都是领导者，他们能认清当前局面，并鼓励他人做出正确选择！现在想出一个对你生活帮助很大的，真正能带给你正能量的并且让你自信满满的人。写下这个人让你欣赏他的五个品质。然后说明每种品质是如何激励你越来越出色的。

在生活中，我遇到的一些销售员，他们的卓越非凡简直让人们难以置信，我一直都迷恋崇拜他们。他们的很多品质对我而言都能鼓舞我前进，例如，他们坚持不懈的精神、积极向上的态度、用心倾听的能力、真心实意的关怀、心甘情愿的负责、如饥似渴的学习以及其他所有极具魅力的品质等等。例如我之前提到过的加文，他就是一名真正的销售员，对推销也是了如指掌。他的打扮总是职业得体，做人积极乐观、对待客人不厌其烦、对待工作坚持不懈、理解能力强，并且富有同情心。他是一个很好的听众；就算没有真正购买产品也能将谈话顺利进行下去；即使当我觉得自己的努力毫无意义时，他也会承认我的付出；对于幽默运用自如；内心非常坚决；全力以赴完成使命达成交易。这些品质让每个人都会变得魅力四射，同样也让加文与绑在销售员身上的消极内涵脱离了干系。他的这些与众不同，毫无压力地督促我努力前行，丝毫不存在消极的因素。

成为销售业界的精英，人们不但不会对你不屑一顾，反而会对你肃然起敬，高看一眼。每个人都会喜欢拥有专业素质的人；那些各行各业中埋天怨地的人往往都是能力不足的业余爱好者。

没有合适的答复

在销售中，知道如何答复客户是再好不过的了。我们不得不承认这个事实，销售员的首要技能便是他的沟通能力。这也是人们为何如此重视公开演讲的原因。

你看，人们在演讲的时候，没人想要结结巴巴、吞吞吐吐、怯场发呆或半路卡壳。在合适的时间说合适的话，这种沟通能力对你的整体专业素养和成功而言，才是至关重要的。在交易过程中的这几天，客户应该跟你一样对产品知情——有时甚至比你了解得还要多——同时他们希望你对自己所说的话负责。同时，你的客户可能会有多种选择，他可能会货比三家，考虑自己的经济实力，而这些都是你在价值定位过程中必须要处理的问题。

很多时候，对于客户的问题，你可能回答不上来。不过这没关系，你如何答复客户才是问题的关键所在。如果你不了解某事，就可以这样回答："不好意思，我不知道"，或者你也可以这样答复："这个问题很好。请耐心等待，让我帮你查询一下此信息。"这两种回答哪个更行之有效？你也许认为两者没什么差别，但我可以明确地告诉你，其实是有天壤之别的。第一种"不知道"

的回答会让你失去信誉。而第二种回答则表明你非常乐意为客户提供服务！要想知道如何恰当地做出回应，你需要不断地提高自己的沟通技能，增加对产品的专业知识了解，并保持乐观积极的服务态度。

销售对于公开演讲也有类似的要求。在销售中如果你不知道该如何答复客户，那交易过程肯定不会那么顺利！所以你要熟悉发言内容，能够在大众面前成功演讲，并且将它烂熟于心，以便轻松自如地处理任何突发状况。同时对每个可能出现的问题、异议、搪塞、障碍、耽搁和客户刁难都能轻松自如地妥善处理。每次听到客户提出的新问题，如果我之前从未听说过或没有准备好的话，便会将它记下来，然后在我独处时，就会想出将来可以派上用场的几种回答，以便下次遇到时，能够应对自如。

记住——在你的业务中，沟通是最有力的武器。如果你不能有效地与客户沟通，便无法及时地帮助他们。而这就需要你万事俱备，并且有聪明理智、合乎逻辑的回答，这样便会促进你的事业顺利发展，同时你个人、产品以及公司都会更进一步。

我永远不会忘记在街坊邻里之间挨家挨户推销的那个孩子，他推销的是那种所谓的有神奇功效的有机清洁剂。一天早晨，我在家忙着接听电话，处理项目，门铃便响起来了。我非常懊恼沮丧，放下手边的工作，打开了门。这个孩子正挨门逐户地向邻里上门推销家庭实用清洁剂——这是一份多么艰难的工作！我特别佩服那些上门挨家挨户推销的人，何况他还只是个孩子，但我忙得不可开交，而且一点兴趣也没有。我实话告诉他，自己对这款产品一点都不感兴趣。在我拒绝他，要关上门的那一刻，他微笑地看着我说："老板，我明白。不过你只需要给我六十秒的时间来展示我的产品功效。"他一边说着，一边就已经跪在地上把清洁剂涂在门口的石头上。他真诚地看着我，说道："我之所以出来，不怕遭人拒绝，吃闭门羹，就是希望通过自己的不断努力，终有一天我能过得像你一样舒适安逸！"接下来的事情，想必你也猜到了，我花

200美元买了5分钟之前毫无兴趣的产品。

当我试图拒绝他，想要关上门的那一刻，他称呼我为"老板"，并面带微笑，因为他一切准备就绪，所以有机会引出自己的演讲，展示自己的产品，才得以跟我达成交易。因此，销售员一定要在开展工作前做到万事俱备，以便对每种状况都能轻松做出回应。

面对顾客异议，不堪重负

销售人员可能会在很多不同的地方遇见客户异议，比如，当你试图预约决策者时，或者在交易过程中介绍产品、谈判磋商时。只要不亲自处理顾客的异议，面对这些问题，你就会一直不知所措，心力交瘁，提心吊胆。如果你是一名交易达人，那就会无人可替代。字面意义上来讲，你需要在空闲时间反复练习，练习，再练习。这应该是你需要一直不断提升的技能。列出你听到的每种反对意见，以便在听到这些异议时，能够快速识别，以一种有助于你完成交易的方式处理这些问题。《销售人员生存指南》可以提供给人们各种各样处理异议的方法，是一个很好的指导资源。这部作品有超过126种的交易案例以及对于反对意见的回应，这会帮你一切准备就绪，处理各种突发状况。作为销售员，你真的不应该有任何借口。如果你不投入时间精力好好准备，我保证你一定会在不必要的交易中浪费额外的时间。有的销售员会说："我没有时间进行训练，阅读书籍，或参加研讨会……单单销售就已经让我忙得不可开交了！"这种想法简直愚蠢至极。事实上，他的忙碌推销大获全胜了吗？还是推销一次失败一次?！我们都有追求完美的心理，不管自己有多优秀，依然想具备最完美的技能。如果你是一名伐木工，砍树之前你是否愿意花时间打磨你的锯子，使其变得锋利无比？古语说得好"工欲善其事必先利其器"，我想你肯定会愿意这样做的。

如果你想完成更多交易，挣更多钱，为自己和所在公司创造更多的销售成功案例，那就做一个交易达人，这样的话，你就无人可替代了。

坚持记下你听到的每个反对意见，并立即思考未来如何处理类似问题。你也可以查阅《销售人员生存指南》，去寻找合适的答复。然后练习使用这种答复，直到你熟练掌握为止。假设你听到了这样的委婉拒绝"我需要跟妻子商量一下"，那就立马把问题写下来，寻找解决方法，然后反复练习，直到烂熟于心，运用自如。

例如，如果一个客户说："我需要跟妻子商量一下再做决定。"那我会这样回答他："我非常理解你的想法，但是如果我们的婚姻状况大体一致的话，那她肯定知道你现在在这里，并且你们在家肯定也讨论过了。我们就自己做主吧。请你在这里签下名。"也许你认为这太过分，太强势，太莽撞了。但你之所以会有这种想法的唯一原因，是因为你从未亲身使用过这种答复方式，也从未依靠它成功过。如果你使用了一百次，成功了五十次，那你就不会用"无计可施"回复客户了。

我假设你非常信任自己、非常信赖自己的产品以及公司，并且了解它所有的价值和优点。交易就摆在你面前——潜在客户由于某种原因需要用你的产品解决某种问题。面对客户异议，如果你不知道如何答复客户，想知难而退的话，那定会错失良机，无法帮助他们。那些想跟妻子商量一下再做决定，想跟妻子交谈之后再三考虑的人，我肯定会这么答复你。（如有冒犯，多多包涵！）

如果你由于潜在客户的刁难、困境和搪塞而不知所措，焦头烂额，不堪重负的话，那是因为你对于此次交易没有完全准备就绪。

做一个"傻瓜"吧

如果你曾在一群人面前展示过自己的梦想，然后意识到你是如此的"赤裸裸"，有过这种经历你就能体会到做一个白痴的感觉。这种感觉就像你被人们抓住，当众脱下裤子来一样羞耻。

人们对你冷嘲热讽，此时你感觉空气都凝固了。不过好消息是：其实每个人都担心自己被暴露准备不充分，或被当场揭穿前期努力不足够。

"傻瓜"一词来自拉丁语，指的是没有受过良好教育、不谙世事的普通人。这是一个让人浑身不舒服的词语，傻瓜们感觉世人皆聪明，唯有自己糊涂，而且"别人都明白，只有自己蒙在鼓里"！做傻瓜的感觉，就是对世事一无所知的感觉。通常，我们凭直觉能明白一些事情，但是由于某种原因不会采取任何行动。例如，你确实知道那天晚上本不该去酒吧的，但不管怎样，你最后还是去了，在酒吧因打架斗殴受伤之后，你就会感觉自己像一个傻瓜，因为你没有听从自己内心的声音。一个人有多么害怕成为傻瓜，就有多么渴望在别人那里找到自我价值。如果你在做某件愚蠢至极的事情，最好的处理方法就是接受事实，从中吸取教训，以便能吃一堑长一智，下次变得更聪慧明智。

你看，我在此说的做一个傻瓜跟担心成为傻瓜，是两件截然不同的事情。每个人在出生时都是一无所知的"傻瓜"，这就意味着你必须要接受教育，必须善于处世——因为你并非天生就这么出色。能力超群的伟人在接受教育、反复练习、闻名于世之前，都是从"傻瓜"这种零基础开始慢慢成长的。但是如果你担心成为"傻瓜"，那么这种心理就会阻止你学习、阻止你练习，你就不会成为伟大出色的人。所以勇敢向前，做一个"傻瓜"吧，不要担心犯错，也不要有任何顾虑，敢于追求梦想，甘愿去做"傻瓜"。这样的话，面对选择时，你会拥有难得的赤诚的自由，而且听从直觉的声音，美好时光一定不会辜负你。

结识新朋友

总而言之，调查显示，销售员认为结识新朋友，并把他们发展成为潜在客户是极具挑战性的。这通常是思想狭隘、保守的特征，这种人通常会为了省事紧缩计划，而不会将计划扩展。比如，你认识每天为了"省钱"而打包自带午餐，在办公桌上吃饭的销售员吗？这种人往往会被社会淘汰，而不会扩展自己的人脉。

结识新朋友、发展潜在客户的方法是要走出家门，多与人接触。销售员要拓展思维，而不能将它限于某个固定范围内。你要思考这些问题：今天为了推销产品，我要去哪里发展潜在客户？这一天要去哪里才能吸引更多顾客，多点幸运成功推销产品？销售员要走出去，多在人来人往的餐厅吃饭，而不是选择与同事一起共进午餐。因为同事不会购买你的任何产品。所以走出去看看，在人多的地方多结识新朋友。你觉得这些地方如何？比如健身房、市政府、教堂、会议室、工业贸易展览或参加的课程，它们是否与你的职业相关，还是仅仅为了乐趣才去这些地方？需要阐明的一点是，我从来没有向在我家看电视的客户成功推销过。

如果你真的参与生活，你会发现生活中的机遇无处不在。要想抓住此机遇，第一步是要全力以赴与人交往，第二步是要弄清楚如何与你结识的新朋友开始沟通。于我而言，最简单的发展人际关系的方法就是，一遍又一遍地前往同一个地点，直到我适应这个环境，自然而然地与他人交流为止。如果你注意到与他人的共同之处，并就此发表言论，那么这次交流就会从此开始。此外，向人们寻求帮助也是开启交流的好方法。我们可以很简单地列举一个事实，比如你喜欢站在杂货店里某人的鞋子，然后就可以立马向他询问哪里能买到这款产品。你所遇到的这些人，他们也许戴着你喜欢的某品牌的太阳镜，或者驾驶了一辆你非常想了解的汽车。如果你在餐厅，你甚至可以欣赏邻桌点的菜肴，并向他询问详情。在此，我想让你明白的道理就是，你参与生活越多，对身边的人关注越多，你结识的新朋友就会越多。销售员要关注他人，与人交流，吸引他人注意力，走出家门，接触朋友，这样你的人脉就会扩展得越来越广。

打破僵局

在建立人际关系时，销售员应义不容辞地打破僵局。如果客户没有给你打电话，没有到你公司拜访，或者没有达成交易，那一定是因为他们对此不感兴趣；如果你想帮助客户得到他们想要的东西，那你就需要慢慢了解客户。有时仅仅打破僵局确实会有点不舒服。不过你为此做得越多，心里就会越舒服，你就会越相信自己的所作所为是正确的，交易中出现的问题就会越少。

很多时候，当潜在客户购物，或当你打电话给他们时，他们会时刻保持警惕，只因为他们之前与销售员有过不愉快的经历。你需要知道如何接近这些潜在客户，让他们感到自己无比受欢迎，并处于放松舒适的状态，而不是让他们大失所望或大惊失色。其实这比你想象的简单得多：首先，主动接近潜在客户，而不是等待客户向你靠近；然后，保持微笑，感谢他们肯花时间陪你（"真心感谢你大驾光临"或"真心感谢你花费时间给我机会"）；最后，伸出双手自我介绍"你好，我叫……"，如果必要的话，询问对方的姓名。为了表示礼貌，你要伸出手放在那里，直到有人跟你握手为止；在你能力范围内，与对方肢体接触，因为这会打破僵局。最重要的是，不管客户的态度如何，都要一直保持微笑。

一旦与客户建立起来联系，立马转移话题，在对方给你的时间内，向他们解释你此次交谈的目的。一旦你打破了僵局，接下来就不要再花三十分钟的时间建立感情，浪费客户时间了。因为往后这种机会多的是！在介绍自己的产品或公司之前，要关注客户，了解他想通过你的产品或服务解决什么问题。还可以通过给客户时间拜访自己来了解客户。因为如果鲍勃同意见我的话，那他肯定想要解决某些问题。

保持动力十足

我在各行各业中被询问最多的问题之一是:"我要如何才能一直动力十足,尤其是当我毫无成就、工作没有任何进展的时候?"对销售员而言,这个问题并不罕见,这是一个任何想完成目标的人都会经历的普遍挑战。无论你想完成一笔大交易,想减掉那些赘肉,想为了参加马拉松训练,还是想要学习一种语言,在完成有价值的目标的过程中,难免会存在失望和失败。

成功的关键就是要知道在面对障碍、阻拦以及所有未按自己意愿或预期发展的事情时,如何做到一直动力十足。对我而言,保持积极性的最佳选择就是要让自己忙碌起来,我们要从一个活动快速转移到下一个活动中,中间少留空闲时间。你知道"你的玻璃杯是半空的还是半满的"这句古老的格言吗?现实情况是,如果你的节奏足够快,其实怎样都没关系,因为你马上就要为下一个活动忙得不可开交了。我的动力源于对未来的关注,而不是源于对过去既定事实的关注。

在进展下一步工作时,我根本没时间关注哪里会出错。相反的是,我会集中精力关注自己接下来的活动。我认为很多抑郁症其实是人们没有参加正确的活动造成的!比如,如果你的厨房着火了,我敢保证,你一定不会继续郁闷视而不见。你肯定会想方设法将火扑灭,否则只能眼睁睁地看着自己的房子被烧毁。大火之后你可能会继续心情压抑,但至少大火发生时,绝对没时间去忧郁。

保持积极的另一要点就是,要远离坏消息和悲观者。他们的目标就是让你堕落,你要弄清楚他们的目的,以及他们做出的选择。他们只会让你在向目标努力前进时,感到更失败、更无助、更缺乏兴趣。相反的是,你要保持积极乐观的态度,与团队或小组中那些在你通往成功的大路上,会为你庆祝小胜利的人保持联系。

从新客户开始你的销售

一个全新的开始可能会引起焦虑和很多不确定性。如果你正在打造新产品或建立新公司,并想让它与之前一样辉煌,那你可能要大失所望了。一旦你发现自己处于这种境遇,需要做的事情便是制订计划,而最重要的则是,采取行动!如果你想重新开始,说明你已经站在起点上,并且之前的全都翻片儿了。你知道自己接下来该做什么。你需要列举潜在客户名单,建立关系网,提升产品质量或优化服务态度,然后准备就绪,全新开始!加速前进采取行动。你做广告越早,对客户关注越多,人脉扩展越广,就会越早被人认识,品牌出名得也就越快。马上将你的名字、产品或公司消息推送出去,打响名号。不要等着,让自己成为新产品或新公司的专业人士。你要知道自己非常信赖自己的产品,并且要让它公之于众、闻名于世。

失去交易,败给他人

失去交易,败给竞争对手,可能会让人垂头丧气。面对这种情况,你有两种选择:责怪别人让自己成为受害者;从中吸取教训,尽量在下一次竞争中取胜。如果你选择第一种计划,你的情况只会越来越糟。而发生这种情况的原因是你未对此次交易承担全部责任。你认为除了自己之外的其他人应该全权掌握此次交易,这种想法正潜移默化地侵入你的大脑。这为失败留下了太多的空间,也为竞争者驰骋商场以及赢得交易打开了大门。相反的是,当你失去交易、败给竞争对手时,要尝试选择第二种计划。仔细揣摩发生的事情,弄清楚为什么竞争者的产品或服务优于自家的。也许只是别人的演讲稿更胜一筹。获取此信息之后，最好的解决办法就是让除你之外的人，最好是经理给客户打电话，询问：“我们到底哪里出了问题？”这绝对不是威胁性的电话，而是按照质量控制流程必须进行的步骤，以此了解客户的真实体验，以及销售团队在介绍本公司时的表现。这是非常有效的方法，通过学习其中的经验教训，你可以增长有价值的经验，从而应用在未来的交易中。两种选择的不同之处在于，后者能为你的事业增砖添瓦，因为你在实实在在地为自己的事业打拼，而不是简单地像一个小母狗为打翻的牛奶哭泣。

言行不一

你之所以言行不一是因为你缺乏真正的纪律性。纪律对于健身者和军事人员而言，其实小菜一碟。它是我们日常生活中不可或缺的一部分，这意味着你已经对随机元素有所掌控并且对它们进行了完美改造。你需要通过纪律来管理一个脏乱差的花园，使其绽放光彩，同样，作为一个销售员你也需要约束自己。

在你学习手艺、训练技能以及变得更强大时，你打电话、结识新朋友、开始接待客户以及跟进回访客户的过程都会成为你生活的一部分。你的恐惧就像花园里的杂草，如果你缺乏遏制它们的纪律，那么它们就会失控疯长。我们每天必须做的事情非常有限，当你做这些事情时，你将收获难以置信的成功和回报！如果你不对它们采取任何措施，你就会被杂草、衰败和杂乱所淹没，甚至会因为缺乏控制而害怕尝试。

控制好每一天，做自己必须做的事情。为自己制订一个检查表，并确保你完成或超过了每个目标，这样你会每天都有进步。

打电话给二十五个人：完成。

把我的名片给三十个新人：完成。

写五十封电子邮件给客户：完成。

亲自向十人展示我的产品：完成。

完成三个新交易：完成。

你要将这些项目视为游戏，每天提高自己的"得分"。不久之后，对"纪律"的可怕依赖就会被潜移默化的习惯所取代，而这种习惯会为你、你的家人和你的事业创造无限财富。

潜在客户

谁是我的客户？这是一个所有销售人员在寻找潜在客户以及新业务时都会思考的问题。当你完全了解你的产品并且亲自推销时，你自然会得出答案。你看，一旦你开始推销自己的产品，你就会知道该产品可以解决的所有问题。然后，你将拥有需要公之于众的、与自己销售的产品或服务相关的所有信息。你将立即知道哪些问题可以通过你的产品或服务解决，你可以把这些人作为电话推销和潜在客户的目标。那如何做电话推销呢？

第一步：把你的恐惧，疑虑和顾虑留在家里。第二步：看专业。第三步：根据谁需要你的产品或服务，确定几个潜在客户。第四步：去拜访他们！当你完成这些目标时要有信心。在我所在的公司中，我有一些真正的战士为我保驾护航，他们每天都在不熟悉的城市进行电话推销。他们完全相信我们的产品可以改善客户的生活，这种信念给予了他们信心和勇气，鼓励他们克服一切恐惧给陌生人打电话。他们径直走进一家公司，绕过销售人员，直接去决策者办公室，按照自己的方式进行推销。他们向别人展示"我属于这里，我知道我要去哪里"的精神。一定要相信你的产品或服务，通过采取行动来消除你的恐惧。纯粹的大规模的行动将让恐惧烟消云散。

只收取佣金/无担保

长大后，我们都被教导要努力学习，接受良好的教育，在一家大公司做一份体面的工作，朝九晚五，每年休假两周，并根据 401 条款在公司领取退休金。这是在规划未来时要做的"保险"事情。家长、教师和辅导员向无数学习画画、舞蹈以及视频游戏制作的学生讲述了这一哲学。事实证明，在生活中，这是一个非常危险的过程。让你的未来掌握在股票市场和统治社会商业的大型银行的 CEO 手中当然是一个非常危险的状态。

在 2008 年的事件中，即使雷曼兄弟、摩根大通、美林证券这样的巨头也遭受了巨大损失，他们不得不关闭数千个商业公司，并裁员数百万人。我们曾经认为稳定和安全的工作不再存在。事实上，在全球经济中表现最好的一直是创新者、决裁者以及新技术创造者。所以，当你感到害怕，开始担心仅靠佣金生活的无安全感时，可以考虑一下：你到底是希望自己的未来依靠董事会、首席执行官和社会保障制度，还是依靠你自己？你认为谁更在乎你和亲人的生活质量，是世界上的摩根大通公司的总裁还是你自己？谁是最有信心控制你财富的人？毋庸置疑，肯定是你自己。这才是真正的安全感。

长时间工作

按照旁观者的观点，销售员应该工作更长的时间。坦白说，正如我之前所说，你和其他人一样有一天的时间。富人和穷人在任何一天都有相同的时间。问题是你是为自己的梦想工作还是为别人的梦想而努力。而现实是，即使你回家了，你仍然在为某事而工作。也许你喜欢锻炼，所以你正在为健康的身体努力。也许你有一个家庭，所以你正在为他们工作，一起吃饭，打扫卫生，哄孩子睡觉，等等。也许你回家，抽烟，看电视，入睡，直到你出门，第二天重新开始。如果是这种情况，那么你的工作就像为毒贩打工一样，因为你是系统的完美受害者，不再负责你的生活。如果你是我描述的最后一种人，敬请致电我的办公室，并获取一些信息，摆脱可怕的困境。我们可以推荐一本唤醒你的书，这本书的价值胜过生命中的任何药物。

好消息是，你是否知道你全天候都在工作，所以如果你可以最大限度地利用积极行动的时间，那么你就能正常运转。如果你只是处于半清醒状态，然后突然进入你一天的任何时间——或者你的生活——那么半个小时似乎是永恒的。如果你真的活着，你作为自己船上的船长，为你和你的梦想而工作，那么一天24个小时的日子似乎转眼即逝。

这一切都在你的脑袋里，真的是一切。你决定你要做什么或不做什么，只要你做出决定即可。如果你让自己醒来，闻到"梦想中的咖啡"，你就可以自由改变时间。销售职业生涯的优点是时间"长"，但是我会问："与什么相比，它的时间比较长呢？"在销售中，你正在为自己工作，你控制自己的工作量，而且你的收入日进斗金，除了你自己，没人可以为你设限。所以如果你认为自己工作"太久"了，那么你需要思考一下自己到底在为谁工作，写一封辞职信，立即生效。

优秀销售人员的特点

1. 你是否愿意被拒绝。韦恩·格雷茨基表示："不射击，你就永远不会击中目标。"要想成为一个出色的销售员，你必须愿意被拒绝，而且不止一次。大多数销售人员不会反复要求完成订单，甚至在被拒绝之后不会继续寻求机遇，以此避免遇到更多突发状况。

2. 不顾一切地要求订单。不管你信不信，销售人员失败的第一个原因就是他们从不问："请问，你可以在这里签字吗？"大多数销售人员认为他们要求的订单比签下的多，但实际上从来没有问过一次，更不用说足够的次数。他们可能试图避免被拒绝，得到否定的回答或害怕失败。或许询问的规定还没有形成。被虚假信念所支配的人不会向顾客询问，他们相信：如果他们对别人很好，人们就会从他们那里买东西。只有非常小的百分比的人会从你那里购买，如果你不问的话；大多数人只会在你询问五次后才会购买。如果你不愿意要求订单，你只能获得经过专业培训的销售人员要求下单后剩下的客户。

3. 有选择地听。如果你认为别人对你说的话都是真话，且别人会说到做到，那么你将会是一场销售界的灾难。其实人们会对你说很多没有意义的事情："我买不起，我们还在进行预算。""我们今天不买了，要等到……再买。""我们从来没有买过。""我要跟老婆商量一下。""今天晚上我会见你的。"如果你是一个可笑的人，单纯相信你的客户告诉你的一切是"福音"，对不起，你永远不会成功推销任何东西。

4. 以自己的故事为卖点。如果你恰好是下面这些人中之一，即很容易在另一个人的故事中销售，无法对你所销售的那些东西抱有坚定的信念，那么你将难以成功销售出你的产品，并且很有可能买了别人的产品。你被困在某种"南辕北辙"中，你试图出售你的故事、产品或服务，最终你买了其他所有人的故事，却没卖出自己的故事。

5. 学会问问题。如果你讨厌提问，觉得这样做是"太"个人或是会打扰到某人，那么你在销售领域或作为谈判代表不会成功。"你的收入是多少？""你在哪里工作？工作多久了？""决策者是谁？""你为什么做不到？"这些是你要学习问的问题。如果问题导致你不舒服，你不愿意处理，这将决定你的销售命运，或在所有生活谈判中的命运。

6. 得到问题的答案。我知道一些不介意提问的销售人员，但是他们从来没有时间去获得答案。这些人认为他们通过提出问题控制了对话，但因为他们从不坚持寻求答案，所以他们是失败的销售人员。他们问一个问题，然后再问另一个问题，有时自己为客户回答问题，永远不会有所进展。控制销售的人不是简单地提出问题的人，而是可以得到问题答案的人。

7. 知道价格不是问题。如果你认为最低的价格是人们买东西的原因，那么你不应该考虑做销售。你应该成为沃尔玛的店员或餐厅的服务员。更便宜的替代品可以替代这个星球上所有产品的99.9%。无论是钱包、电话、电视机、汽车、保险还是抵押……早晚会由某人在某地卖掉。更现实的是，大多数东西的买卖都是没有必要的，所以如果一个人想要最低的价格，那么最直接的就是根本不买。太高的价格其实是一个神话，而不是人们买东西的原因，但是如果你认为最低的价格是人们买东西的原因，你不应该做销售。

8. 愿意承受压力并且坚持到底。如果你相信父母老师所说的，认为逆境是不好的事物，那么你应该避免去做所有销售工作以及任何涉及谈判、辩论或创业的工作。只有经受足够的时间和压力的矿石才可以成为钻石。没有人不考虑钱的问题，或者做出不会带来利益的决定，还坚持采取行动。如果你鄙视压力或坚持，不要做销售，不要自己做生意。

9. 相信卖东西是件好事。大多数销售人员实际上相信他们在做的是错误的和不道德的，因为他们认为他们在做的是一件坏事，他们一定会失败。即使是一点这样的思考也会磨灭你在销售中的机会。伟大的销售人员为自己的职务和职业感到自豪，并且知道：没有销售人员，这个星球将不会有任何变化。

10. 不断训练时刻准备。如果你认为优秀的销售人员成功是因为他们的才能，他们是不愿意训练和准备的人，那么你就不会成为销售人员。你可以是一个普通的销售人员，但可能会被淘汰。即使是伟大的销售人员也将受到竞争威胁，他们职业生涯中的行业变化以及经济危机都是他们将面临的风险。为了做好销售，你必须接受销售培训，参加销售研讨会，阅读销售书籍，并且掌握销售技巧和销售策略。

顺便说一句，如果做不到第一到八条，那么不仅作为一个销售人员会失败，而且在地球上的生活将相当困难。

关于作者

格兰特·卡登是一名国际销售专家、销售培训师、演讲家和《纽约时报》（New York Times）的畅销作家。格兰特因为帮助大大小小的公司组织制订销售计划闻名于世，对全球数十万人或组织机构产生了重大影响。他的策略和相关系统软件极具实用价值，世界前500强的企业、非营利组织和个人都深受其益。

卡登是当今电视节目《资金周转王》的明星。他经常被各大新闻网站争相报道。格兰特面向全国各地观众演讲的经验已有20年有余，演讲领域涉及销售学、成功学、金融或房地产等方面。他的演讲抑扬顿挫、风趣幽默、鼓舞人心且极具感染力。

卡登是两家培训和咨询公司的首席执行官，拥有一家市值超过1亿美元的房地产投资和开发公司。他之前撰写过三部作品，旨在激励那些想要取得成功的人：分别是《销售人员生存指南》《勇争第一，不甘人后》和《10×规则》。

格兰特一直致力于研发有关促进销售业绩的软件和相关科技产品，为人们的生活带来了诸多便利。在 www.CardoneOnDemand.com 和 www.CardoneUniversity.com 网站上可以体验格兰特最新创办的互动式虚拟培训中心。

此外，作者还积极参与公民事务，并被多家机构授予诸多奖励：美国参议院，美国国会，洛杉矶县，美国陆军等等。在麻省理工学院，卡登为青年创业家协会致辞，十几个国家的代表出席了该会议。他的演讲还被进行了全球直播。麦克尼斯大学正式授予卡登杰出校友荣誉称号。

目前，格兰特·卡登与妻子埃琳娜·里昂（女演员）和女儿居住在洛杉矶。